AF379363

Dipl.-Ing.
Thomas Rohde
(Hrsg.)

Zurück!

Empfänger gefallen für Groß-Deutschland!

Bibliografische Information der Deutschen Nationalbibliothek:
Die Deutsche Nationalbibliothek verzeichnet diese Publikation
in der Deutschen Nationalbibliografie; detaillierte
bibliografische Daten sind im Internet über http://dnb.dnb.de
abrufbar.

Herstellung und Verlag: BoD – Books on Demand, Norderstedt

ISBN: 978-3-7568-2108-2

„[...] kein Mensch mehr da, niemand weiss etwas Genaues, niemand weiss den Weg, auf gut Glück gehe ich voran [...]"

Gottfried Ettmayr

Vorwort

„Noch ein Buch über den zweiten Weltkrieg ?" - diese Frage habe ich für mich in diesem Fall, mit einem deutlichen „Ja !" beantwortet. Es war ein Glücksfall, um das Jahr 2009 aus der Familie des Gottfried Ettmayr eine Offizierskiste zu bekommen, die bis an den Rand mit persönlichen Gegenständen, über hundert Feldpostbriefen und zeitgenössischen Aufzeichnungen gefüllt war. Eine richtige „Zeitkapsel" ! Der Anzahl der erhaltenen Briefe mindestens ebenbürtig, sind die Stunden die verwendet wurden, um diese zu „transkribieren", also vom handschriftlich geschriebenem Sütterlin, in ein heute für alle lesbares Format zu bringen.

Dabei zeigte sich schnell, daß nicht die schiere Menge der Briefe allein, sondern die Qualität ihrer Inhalte mit der Kombination der erhaltenen Tagebuchaufzeichnungen, eine lebhafte, informative und interessante Geschichte eines jungen deutschen Gebirgsjägeroffiziers u.a. über den Feldzug in Russland erzählte.

Ich selber durfte noch viele Berichte, Lebensgeschichten und persönliche Schilderungen von ehemaligen Kriegsteilnehmern und Überlebenden im direkten Gespräch erfahren und empfinde es heute als sehr schade nicht doch das eine, oder andere aufgezeichnet zu haben. Denn ohne diese Aufzeichnungen fallen mit dem Ableben dieser Generation alle nicht festgehaltenen Erinnerungen unwiederbringlich in das Dunkel der Geschichte zurück.

Zum Glück muß ein Buch heutzutage kein „Bestseller"-Potential mehr haben, um gedruckt/verlegt werden zu können und so freue ich mich mit diesem Exemplar etwas erschaffen zu haben, was man noch „in die Hand" nehmen kann und den einen oder anderen interessiert.

Bewusst erfolgt keine Wertung, oder besondere Kommentierung der folgenden Schilderungen.

Der Autor im Herbst 2022

Zur Person Gottfried Ettmayr

Gottfried Ettmayr wurde am 14. Februar 1921 in München als letztes von 5 Kindern geboren. Geschwister: Gertrud, Lisl, Helmuth und Inge(borg). Sein Vater war der Volksschullehrer und spätere Bezirksschulrat Anton Ettmayr. Die Mutter Ida Barbara Luise Veronika, geb. Steinberger.

Er trat am 17. April 1933 dem deutschen Jungvolk der Hitlerjugend bei und wurde zum 1. Mai 1933 offiziell aufgenommen. Am 15. September 1939 Beförderung zum Scharführer.

Zunächst Besuch des humanistischen Theresien-Gymnasium in München; wechselte aber nach drei Jahren 1934 auf das neue Realgymnasium über, da er nach eigener Aussage mehr Freude an realistischen Fächern zeigte. Dieses besuchte er bis März 1937. Seine Eltern stimmten dann dem Abbruch zu, damit er in einem geeigneten Betrieb eine Ausbildung/Praktikum beginnen konnte.

Mit Erfolg, denn vom 12. April 1937 bis zum 31. März 1938 wurde Gottfried E. als ELEKTRO-Praktikant in der Lehrwerkstatt des "Wernerwerk F Abteilung München" beschäftigt. Zur weiteren Ausbildung wurde er an die Siemens-Schuckertwerke AG, Technisches Büro München, überwiesen. Dort Praktikum vom 7. April 1938 bis zum 31. März 1939. Danach eingeschrieben an der Universität München zum Studium der Elektrotechnik.

Während seiner Ausbildung nahm Gottfried Ettmayr im Jahre 1938 auch am "Berufswettkampf aller schaffenden Deutschen" teil und konnte in der Wettkampfgruppe "Eisen und Metall" einen Sieg erringen (Kreissieger).

Mit Erreichen des 18. Lebensjahres am 14. Februar 1939 erfolgte gleich die Einberufung zum 6-monatigen Reichsarbeitsdienst beginnend am 1. April 1939.

Danach Einberufung zur 2. Kompanie des Gebirgsjäger-Ersatz-Bataillon 99 in Sonthofen.

Teilnahme am Frankreich und Jugoslawienfeldzug.

Leutnant Gottfried Ettmayr

Feldzug gegen die Sowjetunion

Am 22. Juni 1941 begann der Angriff der deutschen Armee auf die Sowjetunion. Mit beinahe 3,3 Millionen Soldaten rückte die Wehrmacht auf breiter Front zwischen Ostsee und Schwarzem Meer vor. Ziel war es, auch hier einen "Blitzkrieg"-Erfolg zu erreichen. Unter dem Decknamen "Barbarossa" war der Überfall vom OKW (Oberkommando der Wehrmacht) sorgfältig geplant worden.

Bis zum 20. Juni 1941 bezog die 1. Gebirgs-Division und damit auch das Gebirgsjäger-Regiment 99 aus Sonthofen, ihren Bereitstellungsraum an der deutsch-russischen Demarkations-linie im Raum Dzikow in Ostgalizien. Folgerichtig schreibt Gottfried Ettmayr am 14. Juni 1941 "ständig in Bewegung" zu sein. Interessant ist, daß Gottfried in seinen Briefen allgemein keine bzw. sehr selten Ortsnamen und/oder weitere Details nennt, die den Aufenthaltsort verraten könnten und damit vorbildhaft der befohlenen Geheimhaltung beim Schreiben von Nachrichten in die Heimat folgt.

23.6.41.

Meine Lieben!

Kurz eine Karte damit Ihr Euch auskennt: Ich bin, wie Ihr es ja jedenfalls bereits angenommen habt, mit im Osten dabei; wie es sich entwickelt, wird man in Kürze sehen. Bis jetzt war ich noch nicht in erster Linie eingesetzt, nach dem aber, was so durchkommt verteidigt sich der Russe zäher als der Franzose und vor allem ganz hinterhältig. Er wird aber selbstverständlich überall geworfen und bei uns geht es flott vorwärts. Die schlechten Straßen sind allerdings ein Hindernis. – Die beiden Rohrnudelpäckchen sind vorgestern angekommen, vielen Dank. Sie „stärken die Kampfkraft ganz wesentlich". Pralinen wie immer vorzüglich. Nun viele liebe Grüße ans ganze Haus! Euer Gottfried.

Am 1.7.41.

Meine Lieben!

Jetzt ist es schon eine gute Woche her, daß ich Euch geschrieben habe; da wird es höchste Zeit für einen kurzen Bericht. Über die allgemeine Lage seid Ihr natürlich durch Radio besser unterrichtet wie ich, ich kann nur über persönliche Erlebnisse Neues bringen, und das muß auch spärlich ausfallen, weil wir mit unseren Fahrrädern nie richtig eingesetzt waren bis jetzt, immer nur kleinere Aufträge, die im Vergleich zu den körperlichen und seelischen Anstrengungen vom letzten Jahr gar nichts bedeuten. Ich komme mir auch wie ein Etappenhengst vor. Die erste Linie bei uns muß schon einiges mitmachen, denn der Russe scheint der bisher zäheste Gegner zu sein, wenigstens in unserem Abschnitt. Eine vorzügliche Bewaffnung, modern, auf dem letzten Stand. Dazu fanatische Soldaten, die Grund haben im Bolschewismus für sich Vorteile zu sehen, denn hier gilt tatsächlich das Heer alles. Ich habe erst eine Kaserne gesehen, die mit einer neuen von uns durchaus standhalten kann. Wenn man sich dann vorstellt, wie primitiv und arm die Land= wie Stadtbevölkerung ist, dann sieht man erst, daß Militär zu Zivilbevölkerung in überhaupt keinem Maßstab steht. Die Bevölkerung ist auch überall froh, wenn wir kommen; vor allem hier, wo es Ukrainer zum großen Teil sind. Was die Bauern abgeben mußten, hat mit Steuern nichts mehr zu tun, das kann man höchstens noch staatlich organisierte Erpressung heißen. Zuerst mußten sie (ehem. poln. Gebiet) allen Viehbestand über ein bestimmtes Soll abliefern, dann vom Rest Milch, Fleisch, Eier jedesmal ohne Bezahlung abgeben in einer unmöglichen Höhe; wenn diese nicht erreicht wurde mußte Strafe gezahlt werden. Bei solchen Zuständen ist es nicht verwunderlich, wenn die Leute bei unserem Erscheinen herzlich froh waren. Milch und Eier bekommt man auch fast

überall geschenkt. – Vor ein paar Tagen habe ich Grünhöfervater getroffen. – Schickt bitte jetzt jeweils wieder Briefpapier
mit heraus, wie wir's einmal eingeführt hatten! Nun viele
herzliche Grüße an Euch alle Euer Gottfried. Richtet bitte an Fr.
Wagner meinen Dank für ihren Brief aus, ich komme nicht zum
Schreiben!

Am 3.7.41.

Meine Lieben!

Viel Neues gibt es bei mir nicht, aber die 3 Tage Ruhe, die wir
nach der Einnahme von Lemberg bekommen haben (d.h. wir
haben Lemberg nicht eingenommen, meine Komp. ist erst
mittags durchgefahren, wie bereits eine Menge Leute an den
Straßen gestanden ist) muß ich ausnützen um ein
Lebenszeichen von mir zu geben. Ich hatte Gelegenheit
Lemberg anzuschauen: Viel Juden (die Hälfte), viel Dreck,
wenig Anziehendes. Mit den Ukrainern haben sich die Sowjets
in Lemberg etwas geleistet! Und ähnlich geht's beinahe in
jedem ukrainischen Dorf hier zu. Das erinnert ja an die rote
Revolution. Von einem regulären Heer hält man das gar nicht
für möglich und es haben auch tatsächlich die Juden den
größten Einfluß. Wie es jetzt aussieht, leisten sie lange nicht
mehr den zähen Widerstand wie am Anfang, eine Unmenge
Verpflegung blieb in Lemberg, Munitionslager sprengten sie in
die Luft, Ausrüstung liegt links und rechts der Straße. So etwas
unterhöhlt und schwächt natürlich eine Front ganz gewaltig.

Und uns kommt es zugute. Autos werden wieder flott gemacht, zu Essen gibt es im Augenblick mehr wie genug (für mich besonders wichtig !). Auch sonst bin ich voll auf dem Damm. Hoffentlich erreicht mich von Euch bald wieder Post (die letzte die Rohrnudelpäckchen am 21.6.)! Liebe Grüße an Euch alle Euer Gottfried.

Sonntag 13.7.41.

Meine Lieben!

Die Zeit vergeht wahnsinnig schnell, wenn auch manchmal Minuten und Stunden zu Ewigkeiten werden. Ich glaube, daß es schon wieder über eine Woche seit meinem letzten Brief an Euch geworden ist. Aber Ihr wißt es ja von vorigem Jahr noch, daß ich in solchen Zeiten nur schlecht dazukomme. Nun, recht viel habe ich eigentlich nicht zu schreiben, die Hauptsache ist ja auch immer, daß Ihr wieder einmal Nachricht von mir bekommt. Mir geht es also soweit möglich ganz gut, recht viel haben wir noch nicht mitmachen müssen. Aber es kann noch kommen, denn die Sowjets haben immer noch eine Menge Truppen und Material. Ihre besten Sachen scheinen sie allerdings jetzt fast alle verloren zu haben. Die Panzerangriffe z.B. haben schon ziemlich aufgehört, was an Flugzeugen erscheint sind hauptsächlich veraltete Modelle. Überhaupt waren sie zwar ganz modern ausgerüstet, aber die Güte reicht eben bei Weitem nicht an unsere Bewaffnung heran, und die Ausrüstung der einzelnen Leute ist reichlich billig und nur auf Masse eingestellt. Sonderbar ist übrigens, daß sie fast kein Leder haben; Rußland war doch das Land für Leder. Das wird eben durch das Kollektivsystem vernichtet worden sein. Diese Kollektivwirtschaft schaut so aus: Den Bauern hat man nur so wenig Eigenens gelassen, z.B. ca. ½ Tagwerk Grund, 1-2 Kühe usw., daß sie auf den großen Gütern arbeiten müssen, die in jedem (von den weit auseinanderliegenden) Dörfern da sind. Zu diesen Gütern gehören dann die riesigen, endlosen Felder. – Die großen Querverkehrsstraßen sind gut – für östliche Verhältnisse – und auch bei schlechtem Wetter gleich gut zu befahren, aber man darf nicht einen Schritt abgehen, alles andere kann man nämlich nicht als Straße bezeichnen. Da ist lediglich quer durch ein Feld links und rechts ein Wassergraben ausgehoben, der die Straße bezeichnet, und fertig. So, für heute wieder recht, recht viele Grüße über viele Kilometer hinweg! Euer Gottfried. Seit Kriegsbeginn habe ich von daheim noch keine Post bekommen, hoffentlich ist nichts verloren!

Tagebuch

18.7.41

Zu Himmelherrgottdonnerwetter, sind denn die verrückt? Jetzt haben wir seit gestern Abend überhaupt nichts mehr zu essen bekommen und jetzt, weil die Feldküche da wäre, lassen sie uns keine Zeit zum Fassen! Ich kann nur verständnislos den Kopf schütteln. Seit 2h früh waren wir auf dem Marsch, und auf welchem Marsch! Durch knietiefen Schlamm, über Wiesen und nasse Felder, ein paar mal weichten uns Regengüsse auf, dann brachte uns wieder schwüle Sonne zum Schwitzen. Die verdeckte Uniform klebt am Körper, ich lief mir noch dazu meinen linken Fuß wund.

Heute früh beim Abmarsch – es war noch stockdunkel – hieß es Kaffee und Mittagskost gibt es am nächsten Rastplatz, und dann blieb die Feldküche im Dreck stecken, kam nicht mehr nach und wir haben den ganzen Tag über keinen Bissen mehr. Jetzt steht sie da, aber wir haben es furchtbar eilig. Und da höre ich gerade, daß wir zum Angriff angesetzt werden sollen. „Das wird lustig!" denke ich mir, in den letzten drei Tagen zusammengenommen nur 4 Stunden geschlafen, heute den ganzen Tag nichts gegessen, und jetzt ist es bereits 6h abends, in 2-3 Std. haben wir vollkommene Nacht! Die können wir uns wieder einmal um die Ohren schlagen. Von Verpflegung ist dann natürlich auch nicht die Rede und überhaupt bin ich in einer Stimmung, daß ich vor lauter schlecht aufgelegt sein hinausschreien könnte. Aber es hilft nichts, die anderen beiden Züge der Komp. griffen bereits um 5h an, wir selbst lagen ein paar Kilometer weiter draußen als Sicherung und kommen erst jetzt heran. Schleunigst machen wir uns fertig, der eine und andere hat ein Stück Brot oder sonst etwas zum Kauen und verteilt es, dann rücken wir in Reihe ab, entlang einer breiten Straße, die nach Winnica hineinführt.

Trotz dem ekelhaft schweren MG-Kasten, der mich gleich zu Anfang schon gemein drückt, bringt mich das altgewohnte Marschieren wieder zur Vernunft und einigermaßen Beruhigt denke ich mir, daß es jetzt Schluß werden müßte mit dem Angriff, es dämmert ja schon. Auf der Straße fahren hin und wieder Fahrzeuge der Panzerjäger und Sturmgeschütze vorbei, sonst marschiert unser Zug mutterseelen allein. Ich weiß nicht, ich kann mir nicht vorstellen, wie dieser Angriff aussieht, es kann doch nicht nur unsere Kompanie die Stadt angreifen, diese Stadt, die nach meinem Taschenatlas 93.000 Einw. hat, da verlieren wir uns ja drin! Aber damit ist mir wieder alles gleichgültig und setze nur mechanisch einen Fuß vor den anderen. Ich schaue auf, ein großer Gebäudekomplex am Stadtrand flammt auf in richtiger Stichflamme, über der ganzen Stadt liegt eine Rauchwolke, im Dunklerwerden sieht man mehr und mehr Brandherde. Aber so etwas ist man seit langem gewöhnt. In den ersten paar Häusern, oder vielmehr Hütten wollte ich sagen, vor uns ist eine wüste Knallerei, auch links und rechts von uns flackert Inft.-Feuer leiser und stärker.

Zwischen diesen ersten Hütten sehen wir jetzt im Dämmern Leute unserer beiden anderen Züge laufen. Soviel ich erkennen kann muß es ziemlich hart hergehen, ununterbrochen wird hin- und hergeschossen und vom Feind ist wie immer nichts zu sehen außer diese Burschen werden da und dort zu einem Handgemenge gestellt. Das wird eine verteufelte Angelegenheit zwischen diesem Winkelwerk von Häusern, denke ich mir. Von Deckung zu Deckung springen wir eiter vor, denn es peitschen öfters Garben zu uns her. Aus Verstecken treiben wir ein paar Russen heraus und plötzlich stehen wir einem ganzen Zug dieser schmutzigbraunen, unfreundlichen Gestalten gegenüber, die aber so überrascht sind, daß wir sie ohne Weiteres gefangennehmen können. Wir stolpern über Zäune und Hecken der Vorgärten. Sanitäter von uns bemühen sich da und dort um verwundete Kameraden, von dem und jenem heißt es, er sei gefallen. Uns wird es allmählich unheimlich, denn immer mehr Verwundete sehen wir liegen. Ist ja gar nicht anders möglich bei diesem ekelhaften Gelände. Da reißt es mich zusammen; Gustl, mein vielleicht bester Freund in der Kompanie liegt einige Meter entfernt an einem Wiesenrain, bleich und ohne sich zu rühren. Mit lauter, dunkler Stimme die meine Erregung verbergen soll, rufe ich einen Sanitäter. Er muß mich an der Stimme erkannt haben, denn er dreht seinen Kopf zu mir, ganz langsam und müde und sieht mich an. Da bringe ich es nicht fertig zu ihm hinzugehen um ihn nochmals zu sprechen, obwohl ein kleiner Halt es mir ohne Weiteres ermöglicht hätte; irgendeine beklemmende Angst hält mich zurück. Im Weitergehen schaue ich kurz zurück und da sehe ich, wie der Sanitäter ihn nur mit einer Zeltbahn zudeckt, also: Verbinden hat keinen Zweck mehr, dem kann nicht mehr geholfen werden. Da durchzuckt es mich, ja Herrgottdonnerwetter, so schlecht kann er doch nicht beisammen sein, er ist doch jung und stark, er kann noch so krank sein, seine eiserne Natur...

An dieser Stelle brechen die ersten bekannten Tagebuchaufzeichnungen aus Russland abrupt ab. Im Vergleich zu den Inhalten seiner Feldpostbriefe fällt deutlich auf, daß bestimmte, schreckliche Erlebnisse von Gottfried als nicht als geeignet empfunden wurden, nach Hause berichtet zu werden. Zweitens verlangten die Vorschriften, daß Berichte, welche die Ange-hörigen in der Heimat verunsichern, oder ängstigen konnten zu unterbleiben haben.

Am 22.7.41.

Lieber Vater!

Für Deinen herrlichen Brief vom 30.6. vielen herzlichen Dank! Er hat mir sehr viel gegeben und wenn ich auch kaum Zeit habe, ich muß ihn sofort beantworten. Nun bin ich allerdings nicht in der Lage entsprechend darauf zu schreiben, denn, wie ich vorausgesehen, haben wir gerade in den letzten Tagen ziemlich etwas mitmachen müssen und das strengt auch geistig so sehr an, daß man immer wieder einige Zeit braucht um sich zu erholen (ich glaube, Du wirst auch an der Schrift Zerfahrenheit merken!). Ich kann nur Eines sagen was Kamerad Wittig schon einmal vorgesagt hat: Du bist geistig ungeheuer lebendig, beweglich und rüstig. Und scheinbar bahnt sich jetzt ein Erfolg Deiner langen, intensiven Arbeit an, muß kommen! - Vom Sowjetparadies habe ich ja schon Einiges berichtet. Die Annahme, daß hier noch etwas zu haben wäre ist vollkommen irrig. Die Bevölkerung nämlich als arm zu bezeichnen ist nicht möglich; sie steht auf einem Stand wie bei uns in grauer Vorzeit. Wie Du schreibst hat Helmut jetzt endlich auch seinen Einsatz; es ist ihm nur zu gönnen. Hoffentlich hat er immer viel Erfolg. Für diesmal nun besonders liebe Grüße an Euch alle daheim Gottfried.

Am 29.7.41.

Meine Lieben!

Bevor ich irgend etwas anderes berichte erst einmal die dringende Bitte jedesmal bei Euren Briefen Briefpapier mitzuschicken; in der Weise wie voriges Jahr. Ich stehe nämlich jetzt bald ohne einen Bogen da. – Dir Vater, für Deinen letzten Brief vom 15.7. recht herzlichen Dank ! Du bist in Deinen Gedankengängen ein wesentliches Stück weitergekommen, diese organische „Lebens"-Weltanschauung wird immer selbstverständlicher, je weiter man vordringt. Es handelt sich jetzt bei Dir nur noch darum, an richtigen Stellen damit an die Öffentlichkeit zu treten. Das ist entscheidend jetzt. Wie mir scheint, gelingt es Dir auch. Ich würde mich ja auch einmal zu gerne mit Dir aussprechen, aber da werden wir noch lange warten müssen. An unserer Front sind die Russen zwar schon zermürbt, aber noch lange nicht in Auflösung. Sie ziehen sich ziemlich geordnet zurück. Vater wundert sich, daß wir von der Bevölkerung zu essen bekommen (auch weiterhin, eher im verstärkten Maß); aber Zerstörungen sieht man kaum einmal. Die Ukraine ist ein Garten Eden, wenn die Bergung der Ernte gelingt (jetzt wird es allmählich hier soweit), kann die Ernährung keine Schwierigkeiten machen. Es gibt hier keine Bauern, sondern nur ganz arme Häusler, die auf dem Kollektivgut in Arbeit gehen müssen und dort so gut wie keinen Lohn bekommen. Da grenzt z.B. eine Hütte an ein mehrere qkm großes Getreidefeld, der Häusler hat aber seit Jahren kein Stroh mehr seine Hütte richtig abzudecken. Einen

ziemlich abgestumpften Eindruck macht ja die Bevölkerung. -
Nun – wir wollen hoffen, daß wir zu einem baldigen Ende
kommen, vielleicht bis in 4 Wochen! Auf alle Fälle Euch daheim
schönes Wetter zur Urlaubszeit und recht, recht viele Grüße
Euer Gottfried. Mir fällt noch ein: Ist eigentlich der Schlafsack
aus Sonthofen jemals eingetroffen? G.

Sonthofen 28.8.41.

Meine Lieben!

Heute, am zweiten Tag in Sonthofen, kann ich bereits einiges
von hier berichten. Also gleich das Wichtigste: Zu Essen gibt es
genug, man ißt im Uffz. Kasino; es wird soviel aufgetragen als
man essen will, und außerdem ist es nicht schlecht gekocht.
Demnach keine Angst in dieser Hinsicht! – Mit dem süßen
Nichtstun war es bereits heute vorbei, es steigt ein
Vorbereitungskurs für uns, der uns den Tag über beschäftigt.
Gestern Abend war ich bei Wittig, habe aber Rudolf nicht
getroffen, er wird erst Mitte Sept. zurückkommen. Ute ist mit
ihrem Keuchhusten immer noch schlecht dran (sie hatte
doppelseitige Lungenentzündung dazu), aber schon über dem
Berg; Frau W. und der Kleine sind dafür sehr gesund. Ein
Weiteres: Durch Vermittlung des sudetendeutschen Kameraden
hoffe ich einen Trainingsanzug zu bekommen. Schickt daher
bitte Vaters Kleiderk. an: Frl. Herta Eideler, in Fa. Colonial-
Transport-Ges., Aussig a/ Elbe, Sudetengau (nat. eingeschrieben

und bitte sofort). Für heute liebe Grüße an alle die gerade daheim sind! Euer Gottfried.

Am 2.9.41.

Liebe Mutter!

Eigentlich gibt es nicht viel zu berichten von hier, denn wenn einmal der Dienst in der Kaserne angelaufen ist geht es ziemlich einförmig weiter, und ich würde auch nicht schreiben, wenn ich nicht noch Verschiedenes bräuchte: a) weitere 2 kurze (alte) Unterhosen, sonst muß ich jetzt im Sommer die langen Militärunterhosen anziehen, und es ist die Tuchhose schon warm genug; b) Mil.=Socken + ein weiteres Paar (alte) Socken; c) Lackkoppel von Helmut (Anderl kennt es bestimmt). Schickt mir die Sachen bitte bald an Rudolfs Adresse! Sa.-So. wollte ich mit 2 Kameraden auf den Krothenkopf gehen, sind bis zur Kemptner Hütte am Sa. aufgestiegen und wie wir am anderen Morgen hinausschauen, ist alles wieß. Dann sind wir gleich wieder abgestiegen, unten hat's gegossen und kalt ist es auch ziemlich. Aber jetzt sind die Berge wunderbar, oben wieß überzuckert; ich müsste Zeit zum Tourenmachen haben. Der Vorbereitungskurs lässt uns aber leider nicht einmal einen freien Nachmittag. – Etwa die Hälfte meiner 6 Tg.-Karte schicke ich Dir, denn die Verpflegung ist wirklich ausreichend und nur bei solchen Gelegenheiten wie etwa der letzten Sonntagstour brauche ich die Marken. Nun viele liebe Grüße an Dich und ebenso alle anderen daheim! Dein Sohn Gottfried.

Abs.: Oberjäger G. Ettmayr
Sonthofen / Allgäu
Genesenden-Komp.

Sonthofen, 9.9.41.

Meine Lieben!

Am Samstag wird hier unsere Zeit beendet sein und die Reise nach Berlin losgehen. Nun besteht die Möglichkeit, auf die ich stark hoffe, daß wir nicht in einem Sammeltransport fahren, sondern einzeln und da kann ich dann noch kurz daheim sein. Ich möchte da aber auch die Inge besuchen. Die hat mir nun geschrieben, daß sie erst vom 14. od. 15. nach Neus fährt und ich weiß keine Adresse von ihr um sie bis 13. od. 14. mittags ins Lager zu beordern. Wißt Ihr die Adresse ein Augenblick um ihr das mitteilen zu können? Auf alle Fälle viele Grüße an das ganze Haus und vielleicht klappt ein Zusammentreffen nochmal. Heil Hitler! Euer Gottfried.

So. 10.9.41.

Meine Lieben!

Nun weiß ich es bestimmt, daß ich nochmal heimfahren kann, und zwar komme ich Samstag 13., nachm.; den Zug weiß ich noch nicht bestimmt. Allerdings werde ich nicht lange bleiben, sondern nur einige Kleinigkeiten mitnehmen bzw. zurücklassen und dann versuchen die Inge im Lager zu treffen. Also auf Wiedersehen am Sa.! Heil Hitler! Euer Gottfried.

Döberitz, 18.9.41.

Meine Lieben!

Eigentlich habe ich noch keinen Überblick, wie es hier zugeht, aber ich muß Euch doch gleich schreiben, denn 1. müßt Ihr meine Adresse wissen und 2. habe ich wieder wie üblich einige Dinge nötig, um die ich daheim anklopfen muß. So wie es bis jetzt ausschaut, geht es doch nicht ganz so gruselig zu, wie aus den Erzählungen vom Kameraden zu schließen war. Man ist wohl „bei Preußens" und ähnlich wie ein Rekrut, aber eben doch bloß ähnlich. An den letzten Feinheiten, die einem im Allgemeinen das Leben erst verbittern, fehlt's noch. So sind wir z.B. ganz wunderbar untergebracht, im olympischen Dorf, je 2 Mann ein Zimmer, anständig eingerichtet, keine großen Häuser und daher nicht kasernenmäßig. Ein Nachteil ist davon nur, daß man stets einen weiten Weg zu laufen hat und damit viel Zeit, Freizeit, verliert. Freizeit wird überhaupt ein rarer Artikel werden. Nun – wir werden sehen - ! – Auf der Fahrt hierher war der Zug drückendvoll, ich hatte Glück und konnte gepolstert sitzen = schlafen. Von Berlin habe ich noch nicht viel gesehen, das hat noch Zeit, ich bin gar nicht so neugierig drauf. Zu Essen gibt es auch hier genug, wenn auch, wie mir scheint, nicht ganz so gut wie in Sonthofen; aber von Hunger keine Spur. – Meine Wünsche: 1. Ein paar Hausschuhe; wenn die Sachen vom Feld schon da sind, am besten die von draußen, sonst die schwarzen Turnschuhe in meiner Schuhschachtel. 2. ein Geschirrtuch, 3. 1-2 gute Bilder, am liebsten vom Gebirge oder was damit zusammenhängt. Wir wollen uns nämlich unsere Bude so gemütlich wie möglich machen, nachdem wir schon ein nettes Zimmer haben. Größe ca. 30x40, mit Haken (Aufhängenadeln). Wenn Ihr was nettes habt, selbstverständlich auch ganz klein. – So, nächsten Lagebericht bei nächster Gelegenheit. Für heute viele Grüße, Euer Gottfried. Foto nicht vergessen! (Foto-Becke, Stachus-Rondell)

Döberitz, 27.9.41.

Meine Lieben!

Erst heute, Samstag komme ich wieder dazu Euch zu schreiben, es ist nämlich während der Woche eine ziemliche Hetze. Der Dienst geht abends bis 19h, zweimal in der Woche bis 20:30, mittags ist kaum richtig Zeit zum Umziehen. Und dann muß man sich meistens noch auf irgendwas vorbereiten , so daß man bis spät abends im Zimmer sitzt. Besonders angenehm wirkt in diesem Fall ein Fliegeralarm (gern bei schönen, klaren Nächten), der die wenige Schlafzeit bis 530 außerdem verkürzt. Aber abgesehen von der wirklich knappen Zeit ist es hier schon zum Aushalten, ganz so schlimm, wie man uns in Sonthofen weismachen wollte, geht es doch nicht zu. Wir sind eben keine Rekruten mehr und werden einigermaßen anständig behandelt, trotz Lehrbetrieb und trotz „Preußens". Wert wird vor allem auf ein „entsprechendes" Benehmen gelegt und während ein Hinauswerfen wegen ungenügendem Können scheinbar kaum vorkommt, ist es wegen irgendwelcher diesbezüglicher Kleinigkeiten ziemlich häufig und daher auch mehr oder weniger ein Glücksspiel. - Die Wohnhäuser im olympischen Dorf, in dem wir wie bereits geschrieben sehr schön untergebracht sind, sind einstöckige Häuser zwischen Birken- und Kieferwald wunderbar gelegen. 14 kleine Zimmer und notwendige allgemeine Räume sind jeweils in einem Haus. Die schöne Lage hat nur den Nachteil, daß man dauernd eine Masse Zeit auf dem Weg verliert zum Essen z.B. braucht man einfach 10Min. - 20Min. jeden Mittag. Wenn man dann noch das dauernde Umziehen dazurechnet, hat man den Schlüssel für die hier herrschende Hetze. Angenehm ist die Abwechslung im Dienst. Wir haben mehrere theoretische Fächer und im Gelände herrscht auch durchaus keine Sturheit. Das Essen ist ebenfalls lange nicht in dem gefürchteten Maß schlecht, wenn auch nicht so reichlich und nach meinem Geschmack wie in Sonthofen. Zum Mittagessen gibt es fast immer zu wenig, nur Fleisch und Kartoffeln und kein Gemüse und nie Suppe, zum Abendessen allerdings mehrerlei, also z.B. Wurst u. Butter, oder Käse und Wurst etc., was ich nicht gewohnt war. Man hat dann gleich was zum Frühstück, das sonst aus schwarzem Kaffee bestehen würde. Wie ist eigentlich das Wetter bei Euch? Hier scheint fast jeden Tag die Sonne, nur abends überzieht es sich gern (Gottseidank! Siehe Fliegeralarm!). Zum Schluß habe ich nun wieder einige Wünsche, hoffentlich muß ich nicht noch öfters kommen! 1. Mehrere Taschentücher, 2. 2 Paar alte Socken, 3. Unterhosen (kurze), die nicht nach dem ersten Waschen in Lumpen zerfallen (müssen keine neuen sein, nur dauerhaft), 4. meine Taschenlampe, 5. Anfrage bei Gertrud, ob ich nochmal Hautcreme haben kann, außerdem bräuchte ich irgendein Haarwaschmittel und Haaröl, 6. saubere, dünne Lumpen zum Waffenreinigen, 7. Bereite ich darauf vor, daß Ihr mir in Bälde einen Monatsgehalt von der Sparkasse abheben und schicken werden müßt, denn es können bereits verschiedene Anschaffungen (z.B. Stiefel) gemacht werden, zu denen mein Geld hier nicht reicht. - Einstweilen genügt der Wunschzettel, bis vielleicht auf ein Geschichtsbuch, das umfassend genug ist, um als Nachschlagewerk zu dienen (zum Lesen komme ich nicht; die letzten restlichen Minuten nütze ich zum Lernen der nicht ganz uninteressanten Vorschriften aus, von denen wir uns für ca. 12 RM [Durchschnittspreis je Buch -.60] angeschafft haben). Recht liebe Grüße an Euch alle daheim! Euer Gottfried. Verkürzte Adresse beachten!

29.9.41.

Liebe Mutter!

Kurz eine Nachricht, daß das Paket mit den erwünschten u. gewünschten Sachen eingetroffen ist; vielen Dank, es hat mir aus einigen Verlegenheiten geholfen! Eine weitere Bitte: Nachdem meine Sachen von draußen gekommen sind, schicke mir das Briefpapier, ich treibe hier kein anständiges auf! Liebe Grüße an alle! Gottfried.

Döberitz, 5.10.41.

Meine Lieben!

Heute komme ich endlich dazu Euch zu schreiben, es ist Sonntag und ich habe nicht viel zu erledigen. Nach Berlin bin ich nicht gefahren, weil – um um es ehrlich zu sagen – ich sparen will, denn Berlin ist für denjenigen, der es nicht kennt, ein wahnsinniges teures Pflaster. Ich war letzten Sonntag mit einem Sonthofener Kameraden dort, der sich ebensowenig auskennt. Wir haben keine gemütlichen, uns entsprechende Lokale gefunden, als O.A. der Kriegsschule darf man ja sowieso nur eine bestimmte Klasse aufsuchen. Der Erfolg war, daß ich mich a) gelangweilt habe, b) eine „Menge Geld" losgeworden bin. Im Lager zu bleiben ist aber noch wesentlich langweiliger und ich habe mit einem Berliner Kameraden für nächsten Sonntag etwas ausgemacht. Beim Berlin-fahren ist weiterhin noch sehr unangenehm, daß wir ca. 1 ½ Stunde zum Zentrum zu fahren haben und noch dazu ½ Stunde vom letzten Bahnhof laufen müssen. Da muß sich dann ein Hineinfahren schon lohnen. Morgen Abend fahren wir mit unserer Abt. ins Theater, „Hannibal". Dgl. wird öfters organisiert werden, auch Abende u.ä.. Wir hatten bereits einen, ganz nett, hat nur den einen Nachteil, daß man mehr und mehr Geld hinauswirft, wie ich überhaupt mit verschiedenen Einrichtungen für's Zimmer, Lehrbücherkauf und mehr solche Scherze mit meinem Geldbeutel in einen beachtlichen Tiefstand gekommen bin und – Ihr schon mit dem Bierschlegel getauft sein müßtet, wenn Ihr noch nicht merktet, wohin der Hase läuft ! Um es also in eine konkrete Form zu bringen: Vater möchte auf der Sparkasse ca. 80 M. abheben und mir schicken. Zugleich würde mich interessieren ob das Gehalt schon läuft. Außerdem: sind die Sandalen aus So. gekommen, bzw. ist Post von der Gen.Kp. nachgeschickt worden ? Noch einige Wünsche, die nicht eilen, nur mitschicken, wenn Ihr die im letzten Brief aufgezählten Dinge nicht weggeschickt habt: 1. schwarze Socken, Baumwolle, wenn ich solche habe sonst die dünneren Wolls., 2. Taschentücher, 3. Schnaderhüpflbuch „....da gibt's koa Sünd", auf meinem Bücherbrett, 4. versch. Sachen, die vom Feld gekommen sind, z.B. Füllhalter, Taschenatlas, Briefe u. Foto, -

Nun hoffe ich, daß meine Wünsche allmählich befriedigt sind, nicht daß Euch meine Briefe in Zukunft nur erschrecken! Liebe Grüße an alle! Euer Gottfried. Brief an Lisl bitte nachschicken!

Döberitz, 5.10.41.

Liebe Lisl!

An unserem geringen Briefwechsel ist bestimmt auch das schuld, dass sowohl Du als ich öfters die Adresse wechseln und ich z.B. jetzt von Dir keine Anschrift weiß, sondern auf den Umweg über München schreiben muß. Aber trotzdem haben wir beide uns immer ausgezeichnet verstanden und ich habe Deine Briefe und Packerln immer besonders gern empfangen, weil sie von Dir gekommen sind und ich mich darüber gefreut habe, daß Du trotz Deiner wenigen Freizeit für Deinen jüngeren Bruder Dir Zeit freigemacht hast. So ist es nicht nur selbstverständlich, sondern ich tue es wirklich gern, daß ich Dir heute zu Deinem Geburtstag gratuliere und Dir für Deine weiteren Jahre recht viel Glück und Erfolg wünschen. Vor allem Glück, immer Glück oder man sagt dazu Zufriedenheit, d.h. für mich den Augenblick nutzen, sich nicht darauf versteifen, es müsse einmal besser kommen, sondern die Gegenwart sich so erträglich wie möglich machen. Die Zukunft bringt ja nur selten schönere Gegebenheiten und selbst wenn Wunschbilder in

Erfüllung gehen, stellen sie sich meist weit weniger angenehm heraus als man es sich denkt. Und ob man glücklich oder griesgrämig durchs Leben segelt hängt fast ganz von einem selbst ab. - Also alles Gute und liebe Grüße! Dein Gottfried.

Döberitz, 9.10.41.

Meine Lieben!

Also, wie Ihr für mich sorgt und welche Mühe Ihr Euch um mich macht ist geradezu großartig. Kaum, daß ich einen Bittbrief losgelassen habe, und das waren in den letzten Wochen nicht wenige, ist auch schon das Gewünschte reichhaltig hiergewesen, außerdem immer mit einer sehr erwünschten Beigabe. Aber in Zukunft dürft Ihr nicht jedesmal gleich eine ganze Raine Rohrnudeln mitschicken, ich kann mir nicht vorstellen, daß Ihr in der augenblicklichen Lage so viele Sachen ohne weiteres entbehren könnt. Und soweit ich sehe, muß ich noch öfters mit einer Bitte kommen, zunächst nämlich mit Wäsche, die Ihr mir waschen möchtet, hier kann man zwar auch Privatwäsche abgeben, aber mit dem Wiederbekommen klappt es nicht ganz, z.Z. gehen mir schon 4 Taschentücher ab. Auch die Heereswäsche gebe ich nicht gerne ab, man bekommt nämlich nicht dieselbe wieder und da tun mir meine Sachen leid. Inzwischen hat man sich mehr und mehr eingewöhnt und die Zeit verfliegt entsprechend schnell, wie es bei einem gleichmäßigen Betrieb immer ist. Für etwas Abwechslung außer des Dienstes ist ebenfalls gesorgt, beinahe jede Woche werden wir ins Theater nach Berlin fahren, am Montag waren wir in Grabbe's „Hannibal", eine wunderbare Aufführung im Schillertheater. Unangenehm ist nur die ewig lange Fahrerei und Umsteigerei von fast 1 ½ Stunden nach Berlin. Und auch die teuren Preise, denn eine so bedeutende Ermäßigung wie in München gibt es hier für Soldaten nicht und wir zahlen fast den vollen Preis. – Wie ist eigentlich das Wetter bei Euch in der letzten Zeit gewesen ? Bei uns war tagtäglich bis heute blauer Himmel; heute zum Erstenmal Regen. Ich bin so etwas gar nicht gewöhnt. Hoffentlich hatte Vater zur Bergtour ebenfalls gutes Wetter, ich beneide ihn darum. Das Geschichtsheft ist heute ebenfalls gekommen einschließlich dem Foto, das ich sehr nett finde. Vielen Dank dafür. Sind übrigens Gretls Bilder von Sonthofen zurückgekommen oder ist überhaupt irgendwelche Post von So. gekommen? Ich würde mich unheimlich ärgern, wenn man das in So. verschlampt hätte. Zweimal habe ich bereits an die Kp. geschrieben, bisher ohne Erfolg. Von meiner Front-Kp. habe ich auch noch nicht eine Zeile, was mich einigermaßen wundert, nachdem ich doch an so viele Kameraden geschrieben hatte. Für heute recht liebe Grüße und noch mal vielen Dank wie immer Euer Gottfried.

10.10.41.

Die angekündigte Wäsche im Paket, bitte möglichst bald zurück. Schickt mir, wenn möglich jeweils das Datum, wann Ihr waschen werdet, damit ich mich entsprechend einrichte! Die Socken benötige ich nicht, sie belasten nur meinen Spind. Grüße! Gottfried.

Döberitz, 12.10.41.

Liebe Tante!

Wie Dir bereits der Absender verraten wird bin ich jetzt nach einigem Hin und Her doch in der Infanterieschule gelandet, vier Wochen bin ich schon hier. Ich will es nicht versäumen, Dir einen kurzen Bericht von hier zu geben. Untergebracht sind wir wunderbar im Olympischen Dorf, je 2 Mann ein kleines, nettes Zimmer in nicht großen und gar nicht nach Kasernen aussehenden Häusern, die zwischen Birken- und Kiefernwald hineingebaut sind. Der Dienst ist ziemlich stramm, aber auch interessant und abwechslungsreich. Insgesamt gesehen kann man es schon aushalten. - Nun recht herzliche Grüße! Dein Neffe Gottfried.

Döberitz, 16.10.41.

Meine Lieben!

Heute bin ich Euch einen Brief schuldig, denn nicht nur, daß ich seit 3 Tagen schon Gertruds Brief in Händen habe, ist auch heute Geld in einstweilen (!) ausreichender Menge angekommen. Also Gertrud für ihren lieben Brief und Vater für die Mühe herzlichen Dank ! Um die Lauferei zur Sparkasse ein für allemal überflüssig zu machen, werde ich mir in den nächsten Tagen ein Postscheckkonto anlegen und mein Gehalt dorthin überweisen lassen. Ist es übrigens schon angelaufen und auf die Sparkasse schon für einen oder zwei Monate überwiesen worden? Diese Gebührnisstellen arbeiten im Allgemeinen etwas langsam. – Für ein Bild bin ich sehr dankbar, obwohl mir Inge bereits zwei kleine geschickt hat. Sie sind aber noch zu wenig für das ganze Zimmer. Wir wollen es uns so gemütlich wie möglich machen, wie schon einmal festgestellt. So haben wir z.B. jetzt einen Radio, ein kleines franz. Gerät, das der Kamerad sich schicken hat lassen. Es ist nur leider auf dem Transport so mitgenommen worden (schlechte Verpackung), daß die Reparatur hier in Berlin 40.- RM gekostet hat. Aber jetzt spielt es wunderbar. Außerdem haben wir uns eine elektr. Kochplatte angeschafft und kochen Pudding, Kakao, Tee u.ä. Ich habe jetzt außer 3 Eiern und Pf. Wurst ein paarmal Vollmilch bekommen als Ausgleich für die

Blutspende (1/4 l), die neulich einige von uns mit geeignetem Blut machen mußten. Wenn Ihr mir bei Gelegenheit Puddingpulver schicken könnt, wäre es sehr fein. Dann geht uns noch ein Topf ab, bis jetzt kochen wir nur in Bechern. Könnt Ihr einen aus Alu od. ä. entbehren, Durchmesser 12-14 cm od. kleiner, auch zum Braten geeignet? Nachdem ich nun schon wieder mit Wünschen gekommen, gleich einige weitere. 1. etwas mir Wichtiges und z.T. auch Pressantes: Ein Kamerad (Förster) hat 2 Hirschdecken bereit, die als Hosenbesatz (Rutsche) in Frage kommen. Kann Vater in Oberalting anfragen, ob die sie mir gerben. Es müßte, um sie bis Weihnachten zu haben, bald sein. 2. Ist für eine Bergmütze kein geeigneter Stoff mehr aufzutreiben. Fällt aus dem zerrissenen Überzieh-Mantel von Vater nicht vielleicht soviel Stoff ab, man müßte ihn lediglich dunkler färben lassen. 3. Fragt bitte bei Bärenstiefel an, ob sie auf Bezugsschein Schaftstiefel machen; wenn ja, welches Leder und welche Verarbeitg. zu welchen Preisen. 4. Schickt bitte den Tagebuchauszug, den Vater mit der Maschine geschrieben hat. 5. Ebenso die Kartentasche (im Tornister auf Schrank im Gang), nicht die schwere mit Messingbeschlag, sondern leichtere, ziemlich mitgenommene. 6. Lederuhrband, im Uhrentäschchen in Hose des braunen Anzugs (Schrank, Gang). So – das dürfte genügen, um Euch etwas zu beschäftigen! Gegenstände eilen nicht, bei Gelegenheit. – Vor einigen Tagen waren wir in „Maske in blau", eine Stufe schlechter aufgeführt wie in München. Gefreut hat mich, daß es eindeutig von allen von uns abgelehnt worden ist, wie überhaupt die allgemeinen Anschauungen sehr vernünftig und nicht überspannt sind. – Das Geschichtsheft ist nicht ganz das entsprechende, nützt mir aber doch viel. Sonst steht mir jetzt in der Bäckerei das Notwendige zur Verfügung. – Von den Fotos von Irmi finde ich besonders eines kennzeichnend und gut. Sie haben mich sehr gefreut! Nun viele Grüße an alle! Gottfried.

Döberitz, 26.10.41.

Meine Lieben!

Um gleich mit der Tür ins Haus zu fallen und um ehrlich zu sein: Der Brief von Vater hätte mich bald aus dem Konzept gebracht. Nicht etwa weil keiner der darin beschriebenen Wünsche von mir, wie Bild, Topf, Trainingsanzug usw. erfüllt werden konnte, denn an Schwierigkeiten in dieser Hinsicht ist man ja heute gewöhnt und abgehärtet. – sondern wegen dem kleinen Nebensatz: „Beträge, deren Notwendigkeit mir zunächst nicht ganz klar ist,, Für mich hatte das im ersten Augenblick den Klang, als ob Vater hinter den bestimmt nicht kleinen Ausgaben den einen oder anderen Mißstand fände. Um jeden Zweifel zu beheben, allerdings mit der Gefahr, daß ein Rechtfertigungsversuch erst ein schlechtes Gewissen an den Tag bringt, will ich die Ausgaben vom gestrigen Samstagnachmittag in Berlin aufstellen, wobei ich gestern weder im Theater war (der Berliner Kamerad des Zimmergenossen hatte keine bekommen, wie es ausgemacht war, und wir sind verärgert vor dem Theater gestanden und mußten wieder abziehen), noch in einem Unterhaltungslokal. Also:

Bahnfahrten: -.80, -.10, -.20, -.10, -.55	= 1,75
WHW: -.40, -.20, -.05, -.05	= -.70
2 Kämme: 1.-, 1,10	= 2,10
1 Besteck:	= 2,75
1 Dienstmütze (keine Bergmütze)	= 6,60
Abendessen:	= 1,75
Kaffee mit 2 Kuchen	= 1,75
	zusammen 17,40

In der kommenden Woche werden wir 1x in ein Theater gehen, Karten = 4,10, wird mit Fahrt und Abendessen (wir müssen heraußen bereits mittags wegfahren) auf ca. 8-10 M kommen, außerdem einen Abteilungsabend (ziemlich steif und langweilig), der auch etwa 6-8 M kostet. Im Übrigen will ich unter keinen Umständen, daß Vater damit Auslagen hat und von seinem Konto abhebt, denn dafür habe ich schließlich jetzt selbst ein Gehalt, das durchaus genügt. Ein Postscheckkonto habe ich mir bereits angelegt, sehe jetzt aber ein, daß es unzweckmäßig ist, und bitte Vater mit meinem Sparbuch zur Sparkasse zu gehen und ein Girokonto für mich daraus machen zu lassen. Das Postscheckkonto kann ich ja ruhig stehen lassen, später werde ich es doch einmal brauchen. Ich habe allerdings

Bedenken, ob es möglich sein wird, das Girok. zu eröffnen; in Betracht kommende Papiere müßte man mir halt zuschicken. Bei der nächsten Wäsche (mit der ich übrigens sehr knapp dran bin, vor allem in Taschentüchern, nicht in U.-Hosen) schickt mir bitte mit: den weißbl. Schipullover, die Achselklappen, die auf der leichten Bluse aus dem Feld drauf sein müssen, von den Feldsachen die Briefe u. Foto, Taschenatlas, wie überhaupt eine Liste dieser Sachen, damit ich einigermaßen nachprüfen kann, was fehlt! Sind die Sandalen aus Sonthofen mit Nachnahme angekommen oder muß ich sie noch bezahlen? Eine Trainingshose wäre mir sehr praktisch, aber die meine in der Wäschekommode ist mir viel zu klein. Wenn in Mü. ein Anzug aufzutreiben wäre (Zufall), kauft ihn doch bitte für mich! Etwas Erfreuliches von hier: An einer ersten Auslese, die nach den ersten 5 Wochen stattgefunden hat, bin ich ohne Weiteres vorbeigekommen. Für das Erfreuliche von zuhause, die Erledigung des Buches f.A. bzw. die Hose, an Vater und Grünhofermutter vielen Dank! Euch allen aber liebe Grüße. Euer Gottfried.

Döberitz, 28.10.41.

Liebe Lisl!

Die feinen Bläzerl von Dir sind aufgegessen, die [?] habe ich auch schon verwerten können – nur Dir habe ich noch nicht geschrieben. Dabei wartest Du an Deinem neuen Ort bestimmt erst recht auf Post; mir wenigstens ist es immer so gegangen, daß mich Post gerade dann am meisten gefreut hat, wenn ich mit widrigen Umständen zu kämpfen hatte – und in einer neuen Stelle, mag sie noch so schön sein, hat man es anfangs immer mit einigen Unannehmlichkeiten zu tun. Wie hast Du's denn jetzt als „Schloßfräulein" getroffen ? Lindau ist auf alle Fälle als Landschaft sehr schön, ich war das letztemal 1936 dort und es hat mir gut gefallen. Überhaupt gefällt es mir in ganz Deutschland gut, sogar hier in der „märkischen Streusandbüchse" gibt es Laubwälder, die jetzt im Herbst wunderschön sind. Überhaupt beneide ich oft den Bauern, der stets mit der Natur, mit der Landschaft verbunden sein kann. Bei allen Vorteilen und Annehmlichkeiten, die ein Stadtleben gegenüber den Bauern hat, ist man doch nur ein armer, unfreier, immer an denselben Arbeitsplatz angeschmiedeter Tagelöhner. – Nun, Dir, liebe Lisl, halt recht herzlichen Dank für Deinen netten Brief u. die guten Sachen im Packerl und liebe Grüße! Dein Bruder Gottfried.

Döberitz, 2.11.41.

Lieber Vater!

Also – dieses Mißverständnis muß ich nochmals erwähnen und zwar, weil ich Dir ganz und gar recht geben muß. Ich habe nämlich den Brief neuerdings durchgelesen und konnte diesmal nur den von Dir hineingelegten Sinn herauslesen im

Gegensatz zu damals, wo ich abends, jedenfalls reichlich müde, es schief auffaßte. Und dann – da wirst Du mir recht geben – könnte man auch verstimmt werden, denn das geschriebene Wort wiegt immer doppelt schwer und ich habe es entsprechend ernst genommen. Übrigens habe ich aber auch schon damals den Brief von mir bereut in dem Augenblick, als ich ihn zugeklebt hatte. Jetzt aber endgültig Schluß damit und entschuldige meine Dummheit! – Die geistige Müdigkeit, von der ich zuerst gesprochen habe, will ich noch etwas erklären. Wir haben also tatsächlich ziemlich viel zu tun und nicht nur zeitlich gesehen, sondern im Dienst sind wir auch ununterbrochen angespannt. Man hat mal einen Unterricht zu geben, eine Abteilung im Gelände zu führen und wird dabei dauernd beobachtet und beurteilt. Das strengt an und erzieht aber auch gleichzeitig ganz unerhört. Ich gewinne dabei nicht nur für die militärische Laufbahn, sondern sicher genauso für das Leben allgemein. Brauchen kann ich es für den in Aussicht stehenden Leutnant ebenfalls sehr notwendig. Ich hatte mir manchmal als Gruppenführer über 10 Mann schon Gedanken gemacht und als Zugführer für 50 Leute die Verantwortung zu haben ist bestimmt nicht ganz so einfach, wie es sich manche unter uns vorstellen. Nachdem wir bis Winterende sicher auf Rußlands endlosen Gefilden stehen werden (in Wirklichkeit dann weniger Pathos und mehr Dreck etc.!), gibt es noch viel zu lernen und an sich zu arbeiten. – Utes Tod trifft mich hart, weniger weil ich sie selbst als liebes, kleines Kerlchen kannte, sondern weil ich weiß, wie Rudolf daran gehangen hat. Als Frontkameraden hatten wir ja kaum Geheimnisse voreinander und er hatte mir oft mit großer innerer Wärme von „seiner Tochter" erzählt. Für Frau Wittig wird ja der kleine Hartmann einigermaßen ein Trost sein. Für das Paket mit all den notwendigen und den eßbaren Sachen meinen besten Dank an Mutter und wer damit noch so zu tun hatte! Es fällt mir tatsächlich schwer um irgend etwas zu schreiben, weil Mutter immer gleich Hefenteig und sonstige Kostbarkeiten mit hineinpackt. Daß ich natürlich das nicht ungern mit hinnehme, ist damit nicht gesagt, im Gegenteil was Mutter bäckt ist eben von daheim; aber Ihr könnt es bestimmt nicht ohne weiteres entbehren. Dir, lieber Vater, recht herzlichen Dank für Deinen Brief und allen daheim liebe Grüße! Dein Gottfried.

Döberitz, 2.11.41.

Liebe Lisl!

Einen Tag bevor Dein netter Brief gekommen ist, hatte ich es endlich für nötig gefunden Dir an Deine neue Adresse zu schreiben und gleichzeitig für die Busserle und Sch[?] zu danken. Und nun ist gestern noch Obst in rauhen Mengen von Dir eingetroffen – also Du sorgst wirklich rührend für mich und ich danke Dir halt recht, recht schön. Die Äpfel und Birnen sind mir ungemein wertvoll, denn – wie Du wießt – ist ja Truppenkost zumeist vitaminarm und da ist dann frisches Obst das Beste. – Wie gefällt es Dir nun in Deinem neuen Wirkungsbereich, Du hast, wie mir scheint, wieder reichlich zu tun. Hoffentlich entspricht Dir auch die Arbeit, wenn nicht, mußt Du Dich halt hineinfressen. Mir gefällt hier auch manches nicht, nehme es aber mit entsprechender Gleichgültigkeit auf mich, suche mir die guten Seiten von hier heraus, und finde es dadurch insgesamt durchaus erträglich. Einzelheiten vom Dienst werden Dich nicht interessieren und darf ich auch nicht schreiben, aber eines: Ich beneide Dich um die schöne Gegend, in der Du jetzt sein kannst. Besonders wenn es jetzt mit dem Schnee, d.h. als dem Schifahren angeht, muß ich an das Allgäu denken. Ich hoffe, daß ich heuer zum Schifahren komme, im Gegensatz zum letzten Jahr, in dem ich nicht eine Stunde gefahren bin sondern immer nur im Burgund war und zwar den französischen Jura und die schweizer Berge gesehen habe – bei klarem Wetter bis zum Mont-Blanc – aber nicht hinfahren konnte. Nun – wenn ich an die Kameraden in Rußland denke, dann fällt mir auch dieser Verzicht nicht so schwer. - Es ist ½ 12h geworden, Morgen pfeift es um ½ 6h „Aufstehen" und dann heißt es „taufrisch" dazustehen. Drum für heute recht liebe Grüße! Dein Bruder Gottfried.

Döberitz, 3.11.41.

Lieber Vater!

Du wirst denken, was ich heute wohl Pressentes habe, daß ich schon wieder schreibe. Es ist aber gar nicht so eilig; mit einer Arbeit, d.h. mit der Bitte um eine kleine Erledigung komme ich allerdings (kann ja auch nicht anders sein!). Also: Die Einrichtung eines Girokontos auf der Sparkasse ist natürlich unmöglich, wenn ich es nicht selbst mache. Ich hoffe, daß Du damit noch keine Zeit vertan hast. Da braucht man ja sicher so und so oft meine Unterschrift! Ich habe es mir deshalb so gedacht: Hebe bei der Sparkasse mit dem Sparbuch das ganze Guthaben ab und überweise es mit Postscheck auf mein Scheckkonto 69532 München. Das kostet denn 1. nichts, 2. hast Du nur die Arbeit auf die Sparkasse zu gehen, und diese ist ja sowieso ganz an Deinem Büro. Schimpfe bitte nicht über meine Hin-und-Her-Taktik, ich bin eben in diesen geschäftlichen Dingen noch nicht erfahren und nicht gelernt! Es muß sich um 3 Kriegslöhnungen handeln = ca. 230 M. Damit wäre dann diese Angelegenheit ein für allemal erledigt und ich bräuchte Dich nicht mehr belästigen (bis Kursende werde ich insgesamt meine Kleinigkeiten alle beisammen haben, mit denen ich in jedem Brief komme!!). Schreibe mir bitte, wie Du es gemacht hast! Liebe Grüße an alle und an Mutter auch nochmal besonderen Dank für Hefenteig, Kakao, Pudding, Marmelade und

sonstigen guten und nützlichen Dingen! Heil Hitler! Gottfried.
Sind die Sandalen aus Sonthofen mit Nachnahme gekommen,
oder noch nicht bezahlt?

Döberitz, 8.11.41.

Liebe Mutter!

Das Paket von daheim hat mich wieder einmal richtiggehend
„herausgerissen". Ich war nämlich ziemlich, nein: sehr knapp
dran mit Wäsche und es traf gerade richtig ein. Aber die
Unkosten für ein Eilpaket sind meines Wissens nach reichlich
hoch, schicke deshalb bitte nicht mehr auf diese Weise, die Post
geht ja auch so einigermaßen schnell und auf 1 oder 2 Tage
kommt es dann nicht an. Am besten wird sein etwas mehr
Wäsche zu verwenden, dann kann ich nie mehr so knapp dran
sein. Lege mir daher bitte das Nächstemal vielleicht noch das
grüne franz. Hemd bei, und vor allem: Viele Taschentücher! U.-
Hosen genügen reichlich. Nun habe ich einige Fragen, die Du
mir bitte bald beantworten willst, weil ich weiteres in die Wege
leiten muß! 1. Ist das in dem Verzeichnis aufgeführte alles, was
bis jetzt von der Komp. heimgekommen ist (außer dem
Päckchen, das ich schon in der Hand hatte)? 2. Sind die
Sandalen aus Sonthofen mit Nachnahme gekommen und damit
bezahlt, oder nicht? 3. Was für ein Buch ist mit dem Paket von

der Kp. gekommen? Eine Bitte will ich noch anhängen: Schicke mir doch auf alle Fälle eine Trainingshose, es muß doch irgendeine zuhause sein von Helmut oder sonst jemanden; nur nicht die in der Wäschekommode liegende, denn diese ist mir um 2 Handbreiten zu kurz! Der Pullover ist übrigens unbezahlbar bei dem ekelhaften Wetter (wie ist das übrigens daheim?), ich habe ihn fast täglich im Gelände an. Ich merke überhaupt, daß ich beim Militär etwas verfrorener geworden bin; mir will scheinen, daß das von den Anstrengungen in den Einsätzen gekommen ist, denn die sind eben über das Maß hinausgegangen und der Satz „Was mich nicht umbringt, macht mich stärker" ist auf diesem Gebiet nicht anzuwenden. Für das Bild lasse ich Vater schön danken, es macht sich wirklich ausgezeichnet. Marmelade und Rohrnudeln sind wie immer warm aufgenommen worden, schade nur bei den Nudeln, daß man sie schnell wegessen muß, um sie nicht alt werden zu lassen. Im Topf kochen wir mindestens jeden 2. Tag Pudding oder Kakao, als Zukost zur nicht immer reichlichen Verpflegung. - Halt, jetzt habe ich noch eine Frage: Befinden sich eigentlich meine Schi zuhause; ich habe sie doch im Febr. bei Rudolf in So. gelassen? Allmählich sickern hier Gerüchte durch über das Kursende. Demnach hätten wir jetzt so ziemlich die Hälfte. Gewiß scheint ein Weihnachtsurlaub von 10 Tagen zu sein – es wäre das Erstemal wieder seit 3 Jahren, daß ich an Weihnachten daheim wäre. - Nun liebe Grüße an alle im Hause, vor allem aber an Dich, liebe Mutter! Dein Sohn Gottfried. Noch etwas dringendes: Schreib mir doch bitte, was als Weihnachtsgeschenk für Vater, Gertr. u. Dich in Frage kommt.

13.11.41.

Liebe Mutter!

Das Paket mit Wäsche ist gestern gekommen. Recht herzlichen Dank, vor allem auch für den ausgezeichneten Kuchen. Jetzt reiche ich wieder für einige Zeit mit Wäsche außer Taschentücher, die immer noch knapp sind. Morgen schicke ich die alte Wäsche wieder ab, leider weiß ich nicht, wann Ihr wascht, aber ich denke mir es wird ungefähr Zeit sein. Einiges zu Deinem Begleitschreiben: Dem Kameraden, der die Sandalen besorgte, habe ich selbst geschrieben. Schickt sie mir bitte bei nächster Gelegenheit, meine hiesigen Hausschuhe sind durch! Das Obstpaket von Lisl mit hervorragenden Obst ist schon lange in Händen. Die Birnen und Äpfel kann ich als Ausgleich zum Kasernenessen gut brauchen. An Tt. Paula habe ich auch nochmal geschrieben, um ihr meine Hieroglyphen verständlicher zu machen. Von Helmut habe ich ebenfalls nichts mehr gehört, wann Ihr das Letztemal? Die Gerüchte um den Weihnachtsurlaub werden allmählich fast amtlich, es handelt sich dann um etwa 14 Tage, fein gelt! Du schreibst, daß schon das Backen angeht, da wird mir gleich ganz anders, jetzt war ich doch 1938 an W. das Letztemal daheim. Habt Ihr übrigens schon Schnee? Bei uns weht ein gemein kalter Wind und der warme Sweater ist unbezahlbar, wenn wir den ganzen Vormittag im Gelände sind. Viele Grüße an alle, übrigens auch an Gretl, vor allem an Dich, liebe Mutter! Dein Gottfried.

Döberitz, 15.11.41.

Lieber Vater!

Du bist mir bestimmt nicht bös, daß ich Dir erst heute auf Deinen Brief vom 7.N. Antworte und mich für ihn und zugleich für die Erledigung der Kontosache bedanke. Ich wollte Dir eigentlich etwas ausführlicher schreiben und habe darum die Antwort auf Samstags verschoben, aber im Gehetze der Woche entfallen einem stets alle besseren Gedanken oder vielmehr ich brauche dazu Ruhe und Beschaulichkeit, und so wird es wieder nur eine kurze Abfertigung. Also – daß die Heeresgebührnisstelle so schnell arbeitete und damit schon 500 M auf meinem Sparkassenkonto wären, habe ich nicht gedacht. Sonst hätte ich nur die Hälfte übertragen lassen, denn auf dem Postscheckamt wird es ja nicht verzinst. Ich habe allerdings ja jetzt sehr leicht die Möglichkeit das alles selbst zu erledigen, nur muß ich wissen, ob mein Sparkassenkonto noch besteht, nachdem doch alles abgehoben wurde? Das Weißbild – ich finde es wunderbar – ist gut angekommen und hängt sehr günstig, vielen Dank. Was für einen Holzschnitt hattest Du übrigens für Agnes besorgt? „Das Reich" habe ich bis jetzt noch nicht bekommen, hattet Ihr eines abgeschickt? Von Helmut habe ich auch noch nie einen Brief bekommen, was wißt Ihr von ihm? Schreibe mir doch bitte auch einige Eindrücke von der Führerrede am 8.11., die Zeitungen haben leider nur einen kurzen Auszug gebracht! Wenn Ihr bei Bärenstiefel anfragt, bitte auch nach ungefährem Preis erkundigen! So – jetzt sind es wieder eine ganze Menge Bitten geworden. Herzliche Grüße! Gottfried.

Döberitz, 20.11.41.

Liebe Tante!

Einigermaßen erstaunt habe ich aus Deinem dritten Päckchen herausgelesen, daß Du über meine hiesige Adresse noch nicht richtig Bescheid wießt. Erstaunt deswegen, weil ich bereits nach Deinen ersten lieben Päckchen gleich eine Antwort mit nochmaligem genauen Absender wegschickte. Da ich nun aber annehme, daß meine Hieroglyphen doch nicht so unleserlich sind, wenn ich mich zusammennehme, muß dieser Brief verloren gegangen sein. Ich danke Dir also erst jetzt vielmals für

Deine drei süßen bzw. Obst-Grüße, die mir zeigen, daß Du, liebe Tante Paula, mich auch weiterhin so umsorgst wie im Feld, obwohl ich jetzt nur Heimatsoldat bin. – Zur Erläuterung meines Absenders: Ich bin hier in der Infanterie-Schule, die in Inspektionen eingeteilt ist, und bin untergebracht im olympischen Dorf (übrigens sehr schön). Recht herzliche Grüße! Dein Neffe Gottfried.

Döberitz, 21.11.41.

Liebe Tante!

Nun ist kurz hintereinander wieder ein feines Päckchen von Dir gekommen, recht herzlichen Dank. Die Äpfel sind übrigens jedesmal gut angekommen bis auf einen, der auf einer Seite weich geworden, aber deswegen immer noch gut zu essen war. Es ist ja tatsächlich so, daß man im Handel so gut wie kein Obst bekommt und von der Truppenverpflegung ist so etwas ebenfalls ausgeschlossen, sodaß ich recht froh um Deine Zubutzen war. - Du schreibst, ob ich Besuch machen will, das tue ich natürlich gegebenenfalls sehr gerne, nur weiß ich nicht, bei wem das wäre. Mein Kurs wird voraussichtlich noch bis Mitte Fbr. dauern, bestimmt ist es nicht. Über Weihnachten werden wir Urlaub bekommen, worauf ich mich sehr freue, denn ich war zwei Weihnachten nicht daheim, da stelle ich es mir für heuer sehr schön vor. - Viele herzliche Grüße, die ich mir auch an Ehrw.M.Oberin zu senden erlaube, da ich aus Deinen Zeilen herauslesen konnte, daß auch sie sich um mich sorgt! Dein Neffe Gottfried.

Döberitz, 25.11.41.

Liebe Mutter!

Zur gleichen Zeit etwa mit dem Paket, das ich fertig verpackte und dann vergaß aufzugeben, wird dieser Brief ankommen. Ich habe nämlich eine Bitte: Schicke mir doch gleich Wäsche! Ich sehe nämlich, daß es nur noch eine Woche dauert, dann bin ich wieder abgebrannt. Als Taghemden das grüne, französische und noch ein anderes gewöhnliches, Taschentücher, den steifen Kragen, dünne Socken (Baumwolle), einen Waschlappen, aber keine Geschirrtücher, da habe ich noch einen Vorrat. Es ist eben die Wäsche zu wenig, nachdem sie jeweils eine ganze Zeit auf Fahrt ist. - Gestern waren wir in „Die lustigen Weiber von Windsor", es hat mir sehr gut gefallen, lauter gute Kräfte. Unangenehm ist nur, daß wir immer eine endlose Zeit heraus zu fahren haben, zuerst mit der U-Bahn, dann S-Bahn und zum Schluß mit einem langweiligen Vorortzug, auf den man gewöhnlich eine halbe Stunde warten muß. - Nun recht liebe Grüße an alle! Dein Gottfried.

Am 12.12.41.

Lieber Vater!

Deine Karte vom 10.12.41. hat mich ziemlich schuldbewußt gemacht. Es trifft nämlich gar keiner von den Dir angenommenen Fällen zu, sondern schuld ist alleine meine Schreibfaulheit, die einige Ausflüchte hinter vielen Vorbereitungen für eine gestern stattgefundene u. sehr schön verlaufene Weihnachtsfeier, Knappheit an Kuverts u. allgemein wenig Zeit gesucht hat. Außerdem komme ich um 18:00 19.12. heim u. da wollte ich die Aussprache über den „Geschichtsanschauungs-brief" (der uns hier übrigens zu Diskussionen Anlaß gab) viel besser mündlich erledigen. Inwischen wird ja das Wäschepaket eingetroffen sein, allerdings ist dieser kurze Schrieb noch keine Entschuldigung u. ich werde es im Urlaub auszugleichen suchen. Einstweilen recht liebe Grüße u. Heil Hitler! Gottfried.

1.1.42.

Agnes hat mich hierherausgeführt und wir machten ein zünftiges Schi-fahrersylvester mit, anschließend eine

wunderbare Tour. Euch das Beste zum neuen Jahr! Agnes und
Gottfried.

Döberitz, 7.1.42.

Liebe Tante Paula!

Kurz bevor ich am 19. Dezember in Urlaub gefahren bin, bekam
ich von Dir ein feines Päckchen mit hervorragenden Äpfeln
und wie ich jetzt wieder im Lager einrückte lag eine
Weihnachtspost von Dir da, auch wieder mit ausgezeichnetem
Inhalt – Obst und Süßigkeiten sind ja bei Soldaten immer
begehrt – und ich danke Dir recht herzlich. Das Fest konnte ich
nach 2 Jahren wieder einmal daheim verbringen, es war
wunderschön. Außerdem war ich einige Tage beim Schifahren,
insgesamt ein wunderbar verbrachter Urlaub. Ich hoffe auch,
daß die letzten Wochen bis Mitte Februar nicht mehr allzu
schlimm werden hier auf der Schule, hernach werden wir ja
ziemlich schnell wieder nach Rußland kommen. - Vor ein paar
Wochen hast Du eine Dahlemer Adresse erwähnt, die ich
besuchen könnte. Nun hast Du mir aber leider nicht mehr
davon geschrieben – oder hast Du direkt an diese Bekannten
geschrieben? Mich würde es freuen, Sie besuchen zu können.
Nochmal recht herzlichen Dank für das feine Christkindl und

meine besten Wünsche für ein gesegnetes 1942! Dein Neffe Gottfried.

Döberitz, 8.1.42.

Meine Lieben!

Wie ich vorgestern Abend angekommen bin, ist ein ganzer Pack Post dagelegen und ich habe mich bereits fleißig ans Beantworten gemacht, gestern 5 und heute 3 Briefe losgelassen. Mit einem Brief an Euch habe ich nur deswegen bis jetzt gewartet um allmählich alles zu merken, was ich daheim vergessen habe und es gleich in den ersten Brief mit hinein zubringen. Zuerst aber einen kurzen Bericht von der Fahrt. Habe also einen guten Platz bekommen (gepolstert) und gleich 2 Kameraden getroffen, mit denen ich mich gut unterhalten konnte zwischen den verschiedenen „verschlafenen" Stunden. Eigenartigerweise hatte ich diesmal ganz gegen meine sonstige Erfahrung auf der Reise ausgesprochen guten Appetit, der weiterhin angehalten hat – scheinbar eine Nachwirkung des Schifahrens. Hier ist es gemütlich angelaufen, ich bin schon wieder mittendrin, grad mit ein wenig Wehmut muß ich an die Gemütlichkeit daheim und an die schönen Schitouren denken. Wir werden es uns aber hier auch nicht allzu schwer machen. Arbeiten allerdings werden wir doch müssen. Nun noch meine

Bitte: 1. Genau so wie meinen kleinen Kalender verlegte ich auch einen Bund Papier für mein Kollegbuch, liniert, 13x20 cm, Gertrud war mit beim Einkauf u. nahm es in ihre Tasche, wahrscheinlich im Schreibzimmer. 2. Zwei Bücher, beide im Regal, 2. Rock, Gang : von Georg Schmückle, u.v. Mirko Jelusich, Titel habe ich nicht im Kopf. 3. Einen nicht zu kleinen Taschenkalender, wenn möglich. Im Voraus vielen Dank ! Für heute viele liebe „Urlaubsabschiedsgrüße" Euer Gottfried.

Döberitz, 20.1.42.

Meine Lieben!

Innerhalb von 14 Tagen nur 1 Brief an Euch – das ist doch ein bißl wenig, besonders nachdem Ihr mir wieder eine Menge Sachen nachgeschickt habt – 2 Kalender + Papier kam gestern, Paket erhoffe ich für morgen – und damit meine Vergeßlichkeit bzw. Ungenauigkeit ausgeglichen habt. Ich kann zwar keine besonderen Vorfälle berichten, außer dem, daß ich immer noch ein wenig Urlaubskater habe und mich auf den nächsten schon wieder ungemein freue. Es war der Urlaub aber auch tatsächlich wunderschön, nach all der Hetze und dem vielen Fremden, mit dem man sich hier abzufinden hat, wirkt die Selbstverständlichkeit und Ruhe daheim doppelt wohltuend. Der Heilige Abend jedenfalls, der trotz aller Umstände und trotzdem Helmuth nicht da war, mit der gleichen inneren Stimmung gefeiert wurde wie in früheren Jahren und wie ich es schon als kleiner Bub kannte, hat mir viel gegeben. Und in Innsbruck – die Eltern und vielleicht auch Gertrud werden kopfnickend lächeln – fand ich ebenfalls eine heimische und gemütliche, also warme Atmosphäre vor. Ob es dann da etwas mehr oder weniger zu Essen oder Alkohol gab oder ähnlich materielle Dinge spielen dabei die allergeringste Rolle, obwohl ich durchaus kein Kostverächter bin, sondern im Gegenteil – leider – ein wenig Feinschmecker geworden bin. Hier ist übrigens das Essen sowohl quanti- wie qualitativ nochmal abgesunken, bei der augenblicklichen Kälte nicht gerade angenehm, aber die überreichlichen Vorräte sind nach sorgfältiger Einteilung seit dem Urlaub immer noch nicht aufgebraucht und von Hunger kann nicht im Mindesten die Rede sein. Nun muß ich Euch noch um Zweierlei bitten: 1. die Foto von [?] (o.ä.), Stachus-Rondell, mir bitte sofort schicken (Zettel hat Gertrud), ich brauche sie hier. 2. Zur Sockenersparnis treibt Ihr vielleicht irgendwo ein paar Fußlappen auf (auch behelfsmäßige sind brauchbar). Meine Stiefel passen nämlich nicht gut und ich wetze ziemlich leicht die Socken durch. Für die besorgten Dinge recht vielen Dank und liebe Grüße Euer Gottfried. Meine Wäsche reicht mir ganz gut bis Ende, in 3 ½ Wochen komme ich ja höchstwahrscheinlich schon, wenn auch nur für 1-2 Tage. G.

Döberitz, 26.1.42.

Liebe Tante!

Dir diesen Brief zu schreiben habe ich nicht nur höchste Zeit, sondern auch allen Grund; denn einmal muß ich Dir danken für Deine beiden feinen Päckchen vom 3. und 11. Jan., und noch mehr vielleicht für die Berliner Bekanntschaft, die Du mir in der ungemein gastlichen Familie Schilling verschafft hast. Bevor ich Dir einiges von dem gestern dort verbrachten Tages erzähle, darf ich noch auf Deine Päckchen eingehen. Also, Du scheinst geradezu Fachmann für Päckchenfragen zu sein, denn in den Deinen ist immer genau das drin, was ich mir am liebsten erwarte. Die Äpfel waren das Letztemal leider angefroren, sie schmeckten aber trotzdem vorzüglich, ich fand eine Ähnlichkeit mit Bratäpfeln. Ein Nachteil ist nur, daß man sie nicht mehr aufheben kann, sonst faulen sie zu leicht. Also nochmal recht, recht vielen Dank! Nun von meiner gestrigen Einladung, die eigentlich nur eine kurze Vorstellung sein sollte, aber Dank der überaus großen Liebenswürdigkeit der gnädigen Frau sich bis zum Abend ausdehnte und über die ich zusammenfassend nur mit zwei Worten urteilen kann: gemütlich und reizend. Sowohl die Dame wie der Herr sind sehr zuvorkommend und leger und ich fühlte mich im Nu heimisch. Als Soldat, der man dauernd in Kasernen und fremden Gegenden herumwandert, ist man ja um etwas Heimisch-Gemütliches doppelt froh. Trotz der Schwierigkeit in Berlin eine Theaterkarte zu bekommen, wollte mir die gnädige Frau welche besorgen und lud mich bereits für nächsten Samstag-Abend dazu ein. Ich muß fast sagen, daß es um den baldigen Kursschluß schade ist, ich habe jetzt leider nur noch 2 Wochenende hier, in 3 Wochen ist die Zeit der Abreise gekommen. Ich will sehen, wohin ich dann komme. Nun recht viele herzliche Grüße von Deinem Neffen Gottfried.

Döberitz, 27.1.42.

Meine Lieben!

Ihr werdet denken, daß es bei mir jetzt allmählich lockerer zuginge und ich ruhig etwas öfter schreiben könnte. Im Lehrgang wird zwar nicht mehr allzuviel gearbeitet, dafür gibt es aber eine Unmenge von anderen Dingen, die auf meine Zeit eindringen und mich genausowenig zum schnaufen kommen lassen wie früher: Gestaltung der Kurszeitung , der Abschiedsabend, Beschaffung der Uniform usw. ... usw. z.B. einen Aufsatz für ein Blatt zur Weiterbildung von Offizieren verlangte man von mir; mein Thema: Wie lerne und betrachte ich Geschichte. Ich schreibe fast wörtlich den Brief von Vater über dieses Thema, Vater wird es mir schon erlauben. Wenn nicht, bitte gleich abschreiben. Am Sonntag stellte ich mich bei Frau Schilling vor (Bekannte von Tt. Paula), wurde anschließend gleich zum Mittagessen, Kaffee, Abendessen eingeladen; eine sehr nette, zuvorkommende und legere Dame, ähnlich der [?]. Es war wirklich recht gemütlich; außerdem wollte sie mir für nächsten Samstag Theaterkarten besorgen, ich kann nur ein großes Verständnis für die Wünsche eines Soldaten feststellen. Im übrigen sind jetzt fast die Sonntage bis Kursende zu wenig, plötzlich möchte man noch alles mögliche machen. Aber trotzdem werde ich mich in den Bergen (ein paar Wochen werde ich jedenfalls noch in Sonthofen sein) wieder wohler fühlen, Berlin ist mir irgendwie unsympathisch. - Eigentlich wollte ich mich in diesem Brief vor allem für das feine Paket bedanken, das am Donnerstag angekommen ist und wieder einmal all die guten Sachen enthalten hat, die Waffeln waren geradzu wundervoll, Kuchen und Rohrnudeln wie immer nach meinem Geschmack. Also recht herzlichen Dank ! Jetzt beginne ich ja allmählich mit dem Abbau, schickt mir also keine Wäsche mehr außer vielleicht Fußlappen oder Socken. Und nun liebe Grüße an Euch alle Euer Gottfried. Bitte sofort ein Foto von den Aufnahmen, die ich im Urlaub machen ließ (Becke, Stachus)!

Döberitz, 28.1.42.

Meine liebe Lisl!

Nach einem vollen Monat, den wir uns nicht mehr gesehen haben, wird es bestimmt Zeit, daß ich Dir wenigstens einmal schreibe. Allzuviel ist es zwar nicht, was ich Dir zu berichten habe, aber ein klein Wenig muß man doch voneinander erfahren. Hier geht es allmählich seinem Ende zu, wir bereiten schon für den Abschiedsabend, die Bierzeitung und dgl. vor, Positiv es wird nicht mehr allzu viel gearbeitet. Zwei Sonntage bin ich noch in Berlin, und plötzlich wird einem die Zeit zu knapp, man möchte noch alles Mögliche unternehmen. Letzten Sonntag stellte ich mich einer der Tt. Paula bekannten Dame vor, wurde gleich den ganzen Tag über eingeladen, es war sehr nett. Außerdem wollte sie mir Theaterkarten für diesen Samstag besorgen, also wirklich zuvorkommend. Der Herr hat ein Juweliergeschäft, so ziemlich das bekannteste in Berlin und dementsprechend erträglich. Die Herrschaften sind aber trotzdem sehr leger und ich fand es richtig gemütlich. Eine Woche vorher war ich bei einem Berliner Kameraden eingeladen, dessen Mutter in 1 Jahr ein Gut in Oberschlesien zu übernehmen hat und eine Gutssekretärin braucht. Durch Zufall kam ich auf Dich zu sprechen und sie notierte sich sofort Deine Adresse. Allem Anschein war ich ihr vertrauenerweckend erschienen und sie erwartet von der Schwester dasselbe. Sie ist eine reizende Dame, mit der sich bestimmt gut zusammenarbeiten läßt. Aber wie gesagt, erst in einem Jahr kommt das in Frage (Name: v.Flotow). Nun recht viele Grüße, hoffentlich klappt's, daß wir uns in Lindau treffen können! Dein Gottfried.

Döberitz, 28.1.42.

Liebe Tante Luise!

Über drei Wochen bin ich schon wieder hier in Berlin, habe mich aber noch immer nicht ganz eingewöhnt, sondern habe noch einen richtiggehenden Urlaubskater. Das ist wirklich nicht verwunderlich, denn dieser Weihnachtsurlaub war wunderbar. Ich brauche blos an den netten Mittag bei Dir denken. Denn außer der einmalig guten Mahlzeit war es Deine liebenswürdige Art, die solche Stunden immer besonders gemütlich macht. Ich erinnere mich da an die Mittage der Gewerbeschulzeit, zu denen ich stets gerne kam als großer Freund der bekannt feinen Mahlzeiten aus Deiner Küche und vor allem der Gemütlichkeit in Deiner Wohnung, kommt man aus der unpersönlichen Kaserne hinaus, ist man wieder auf Lokale angewiesen, die meiner Ansicht nach in Berlin fast alle unfreundlich sind. Jetzt allerdings fand ich Anschluß an ein sehr gastliches Haus: Letzten Sonntag stellte ich mich bei Frau

Schilling vor und wurde sofort eingeladen den ganzen Tag zu bleiben. Die Dame ist außerordentlich zuvorkommend und leger und ich fühlte mich dort sofort wohl. Für nächsten Sonntag wollte sie mir Theaterkarten besorgen, weil ich ja gut 1 Std. in die Stadt hineinzufahren habe und wochentags gar nicht dazukomme bei irgendeiner Kasse anzustehen. Wie Du siehst also tatsächlich sehr verständnisvoll für meine Lage, und ich bedauere schon fast, daß der Kurs nun gleich Schluß macht. 2 Sonntage bleibe ich noch hier und habe nun plötzlich eine Menge vor. Andererseits aber freue ich mich auf München (einige, wenige Tage Urlaub werde ich hoffentlich bekommen!). Nun recht herzliche Grüße an Dich und an Baronesse erlaube ich mir mitzusenden! Dein Neffe Gottfried.

Olympisches Dorf, 4.2.42.

Liebe Tante!

Wiederum habe ich Grund, Dir recht herzlich zu danken, ein wirklich feines Packerl ist gestern angekommen, und wie so oft war halt die Tante Candida wieder einmal die Absenderin. Es ist also tatsächlich fast zuviel, was Du an besonderen Leckerbissen fär mich immer bereit hast, und ich weiß gar nicht, wie ich es Dir, liebe Tante danken soll. Nun bin ich nur noch wenige Tage hier, aller Voraussicht nach werden wir am

Samstag dieser Woche befördert und fahren anschließend am Sonntag heim. Wir werden einige Tage Urlaub bekommen, bevor wir unseren Dienst beim Ersatztruppenteil antreten müssen. Ich freue mich schon ungemein auf München, denn wenn es in der Fremde auch manches Schöne und Interessante gibt, daheim gefällt es einem doch immer wieder am besten. - Bei Frau Schilling verbrachte ich nochmal einen sehr schönen Samstag Abend und Sonntag Vormittag. Die gnädige Frau hatte mir und einem Kameraden Karten für „Boheme" besorgt, die wir zusammen mit den beiden Haustöchtern der gnädigen Frau in einer fabelhaften Besetzung sahen, anschließend waren wir zum Übernachten eingeladen, nachdem zu uns nach Döberitz 1 ½ Std. raus ist eine große Annehmlichkeit. - Nun nochmal recht herzlichen Dank und viele Grüße Dein Neffe Gottfried.

Döberitz, 8.2.42.

Liebe Eltern!

Fast verfalle ich wieder in den gleichen Fehler wie vor dem Weihnachtsurlaub, nämlich nicht mehr zu schreiben in dem Gedanken, oder vielmehr in der Gedankenlosigkeit, ja doch bald daheim zu sein. Ich bin Euch also schon gut eine Woche lang einen Brief schuldig. Ich will nun aber tatsächlich keine Probleme mehr wälzen, sondern verschiebe das doch auf die mündliche Aussprache, wobei dann sowieso alles unproblematischer wird. Für das Päckchen mit dem feinen Kuchen (brauchbar!) und sonstigen Notwendigkeiten und für den Brief mit den Bildern vielen Dank! Hoffentlich hattet Ihr nicht zuviel Arbeit damit! Bei uns wird natürlich nicht mehr ernstlich gearbeitet, aber eine unangenehme Beschäftigungstheorie, kleinlich und echt barrasmäßig, getrieben und ich habe endgültig genug von hier, denn Sturheit ist etwas, was mir in der Seele zuwider ist. Einen netten Sonntag verbrachte ich vor einer Woche bei bzw. mit Schillings, die Frau besorgte mir Karten für Boheme mit ausgezeichneter Besetzung und lud mich anschließend zum Übernachten und den damit verbundenen Bequemlichkeiten ein. Im Übrigen fühle ich mich in Berlin nach dem Weihnachtsurlaub doppelt unwohl, man verfährt endlos viel Zeit, trifft nirgends Gemütlichkeit an, verbraucht endlos Geld. Ärger habe ich außerdem mit dem Schuster, der nicht pünktlich liefert, und mit dem Schneider, der einen schlechteren Stoff, als ausgemacht, verwendet hat. Dummerweise bezahlte ich ihn schon ganz. Also - : Zeit wird's! Sind daheim die Schischuhe eingetroffen? Ich werde auf der Durchfahrt nach So. auf einen Sprung heim kommen und hoffe von dort Urlaub (ca. 8 Tg.) zu bekommen. Bis dorthin viele, liebe Grüße! Euer Gottfried.

11.2.42.

Lieber Vater!

Nimm es mir bitte nicht übel, wenn ich eine so schundige Karte schreibe, ich habe aber nur kurz 2 Sachen mitzuteilen: 1. Du brauchst Gertrud in W. nicht abholen, denn ich fahre am So. über W. heim, 2. besorge bitte für nächste Woche (v. Die. 17.2. - Sa.) 4 Opern- od. Theaterkarten, ich gern mit Dir, Mutter und Gertrud gehen. Im übrigen hoffe ich, daß alles so klappt, wie es jetzt aussieht, dann kommen Gertrud, Irmi und ich Montag Abend in München an. Alles weitere also dann mündlich! Dir und Mutter liebe Grüße und Heil Hitler! Dein Sohn Gottfried.

Sonthofen, 25.2.42.

Liebe Lisl!

Nun glaubte ich, Dich in Lindau einmal besuchen zu können, aber leider ist es Essig damit geworden. Ich werde nämlich morgen zu einer Marscheinheit nach Mittenwald versetzt und von dort aus geht es dann nicht mehr, abgesehen davon, daß ich dort jeden Tag mit meiner Abstellung rechnen muß, die sicher nicht länger als eine Woche auf sich warten läßt. Außerdem wollte ich Dich aber auch noch wegen der Sache v.Fl. sprechen, das müssen wir eben jetzt brieflich erledigen. Also um es wie im ersten Brief nochmal zu sagen: Die Frau v.Fl. ist eine sehr nette Dame, allerdings auch ziemlich genau. Ich glaube, daß sich mit ihr gut zusammenarbeiten läßt. Sie braucht jemanden, der in der Landwirtschaft ziemlich etwas versteht, nachdem sie selbst sich jetzt erst einarbeiten muß. Du müßtest also auch einigermaßen selbstständig arbeiten können. Ich habe zu ihr gesagt, daß ich nicht wüßte, ob Du in Lindau schon wieder wegkannst, daß ich Dir aber sehr zu raten würde. Entscheide selbst! – Nun weiß ich nicht, ob Du schon unterrichtet bist, daß Helmut daheim bzw. in Lenggries ist und wir alle den So., 8.März, zur Geburtstagsfeier in Mü. sein sollen. Sieh zu, daß Du Urlaub bekommst! Bei mir wird es nichts werden, denn ich bin vielleicht schon auf der Fahrt. – Wenn Du mir schreiben willst, schicke alles nach Mu., daheim wissen sie am ehesten meine Adresse und können mir nachschicken. Liebe Grüße Dein Gottfried.

Sonthofen, 26.2.42.

Liebe Tante Paula!

Du wirst Dir denken, warum ich denn nicht mehr schreibe, nachdem ich doch versprochen hatte, sofort meine neue Adresse mitzuteilen. Ich will Dir also heute der Reihe nach erzählen: Am letzten Samstag in Berlin, 14.2., sprach im Sportpalast der Führer zu uns neu beförderten Offizieren (am 14.2. früh sind wir befördert worden) bzw. vor Offizieranwärtern. Das war natürlich ein großes Erlebnis und zugleich für mich ein bedeutungsvoller Geburtstag. Am Sonntag konnte ich dann auf eine Woche in Urlaub fahren. Bei Frau Schilling verabschiedete ich mich noch So.-Vormittag und sie lud mich in ihrer gastfreundlichen Weise noch ein zu bleiben bis Abgang des Zuges, der abends ging. Auf dem Heimweg kehrte ich bei Gertrud in Weißenburg 1 Tag ein, da sie gerade in ihrer Wohnung war und ich diese Strecke fuhr. Einige Tage in München nützte ich zur Erholung und Uniformbeschaffung aus, die im Augenblick rechte Schwierigkeiten macht. Und nun bin ich hier beim Ersatz-Batallion gelandet, um aber gleich wieder (morgen) zu einer Marscheinheit versetzt zu werden, die jederzeit abgestellt werden kann und nur auf Transportmöglichkeit wartet hier in Sonthofen hatte ich nun als neuangekommener junger Leutnant eine Unmenge zu erledigen, so daß ich zu keinem Briefschreiben gekommen bin und ich mich nicht einmal für die feinen Packerln zum Geburtstag (wirklich brauchbar und sehr erwünscht !), die tadellos und rechtzeitig ankamen, bedanken konnte. Ich will es also soweit noch möglich jetzt nachholen ! Und nun recht herzliche Grüße Dein Neffe Gottfried. Meine neue Adresse schreibe ich rechtzeitig ! G.

Mittenwald, 3.3.42.

Meine Lieben!

Kaum daß ich einen Tag in Weilheim war (es wäre dort ein ganz gutes Arbeiten gewesen), ist bereits wieder der Befehl zur

Versetzung in ein anderes Marschbatl. hier in Mittenwald gekommen und jetzt bin ich als Kompanieführer eingeteilt und bin eifrig im Geschirr, denn als solcher habe ich natürlich viel zu lernen, vor allem bis ich mich eingearbeitet habe. Nun hoffe ich zwar, daß ich nächsten Sa.-So. nochmal kommen kann, es ist aber nicht sicher, und drum muß ich Euch bitten mir verschiedenes zu schicken, was ich jetzt doch brauche, 1. Die Stiefelhose mit grauen u. 1 Paar grünen Woolstrümpfen (franz.), wenn gekommen Schaftstiefel, sonst bitte sofort Nachricht auf Postkarte, damit ich dem Berliner Schuster Feuer eintreibe, 3. die neuen Schistiefel, 4. die Schi (brauche sie zum Dienst), 5. die Vorschriften, die auf meinem Regal, links, liegen (im Elternschlafzimmer). So, das ist, ich glaube, ein ausreichender Wunschzettel – nein, es fehlt noch 6.) 1-2 gute Hemden (mit hellem Sportkragen). Alles andere hoffe ich nun mündlich erledigen zu können, ich werde es schon so drehen. Also einstweilen schriftlich viele Grüße von Eurem Gottfried.

Mittenwald, 12.3.42.

Meine Lieben!

Außer Kleinigkeiten habe ich nichts zu berichten, drum will ich der Reihe nach einiges erzählen. Im Zug mußte ich beim Rauffahren zum Erstenmal nicht stehen, sondern hatte einen netten Fensterplatz; es war diesmal der Zug überhaupt nicht so

überfüllt. Heroben angekommen erwartete mich gleich wieder
eine Menge Arbeit, z.T. unangenehme wie Bestrafungen etc.,
aber ich tu mich jetzt schon wesentlich leichter und habe
einigen Überblick. Das wird jetzt auch Zeit, denn die Verladerei
geht schon an, übermorgen kommen wir zunächst nach
Murnau, weil hier die Kaserne für Rekruten frei werden muß,
und wie es aussieht, dauert es dann wirklich nicht mehr lange
bis wir rauskommen. Ich werde Euch zur richtigen Zeit jeweils
mit einem Anruf unterrichten; das hat ja wenig
Schwierigkeiten. – Um die günstige Lage hier in Mittenwald
noch auszunützen machte ich mir den gestrigen Nachmittag
frei und fuhr nach Innsbruck um Agnes zu besuchen. Es war
trotz dem schlechten augenblicklichen Wetter sehr nett, ein
früher Frühzug – um 3h mußte ich aufstehen – brachte mich
zum heutigen Dienst rechtzeitig zurück. In Innsbruck hat es
übrigens weniger Schnee wie hier, hier weniger als in den
Vorbergen, der Föhn hat hier viel stärker gewirkt. Es ist dort
auch allgemein schon wärmer. – Meine Ausrüstung
vervollständigt sich, eine Kiste und verschiedene Kleinigkeiten
konnte ich mir hier noch beschaffen, mein Bursche (Schneider
von Beruf) verbessert alles mögliche. Halt – ein Paar
Gamaschen vergaß ich im Schuhregal, 1. Fach links oben. Bitte
nach Murnau schicken (rufe von dort aus an bzw. schreibe
meine dortige Adresse!)! Liebe Grüße Euer aller Gottfried.

Murnau, 17.3.42.

Meine Lieben!

Recht herzlichen Dank für die Sachen im Paket! Wo habt Ihr nur den netten Filz her? Ich werde ihn zwar heuer nicht mehr brauchen, lasse aber vom Schneider gleich Häkchen und Ösen am Mantel anmachen, daß er in Zukunft ohne Weiteres aufgemacht werden kann. Die Marzipanstange (Onkel Schorsch?) wird beim Schifahren am nächsten Sonntag entsprechend gut schmecken, denn so haltbar ist sie ja doch nicht, daß sie bis ins Feld mithinausgehen kann (bei mir!). Hier habe ich ein fabelhaftes Quartier, vom Zimmer einen herrlichen Ausblick auf die Werdenfelser Berge. Verpflegung sehr ordentlich. Ich esse nämlich in einem Gasthof, wo ausgezeichnet gekocht wird, nur reicht mir das Verpflegungsgeld nicht ganz und ich muß immer noch drauflegen (2,10 + ca. 1,- - 1,50). Nächsten Sonntag denke ich nochmal zum Schifahren zu kommen und übernächsten werde ich dann wahrscheinlich endgültig (!) zum Letztenmal daheim auftauchen. Was ist eigentlich mit Helmut los ? Kann er mich nicht einmal besuchen? – Ist vom Berliner Schuster irgend was gekommen? Bitte eine kurze Nachricht (Karte) darüber! Einstweilen viele Grüße an alle Euer Gottfried.

Murnau, 20.3.42.

Lieber Vater!

In kurzer Zeit werden es drei Jahre, daß ich von zuhause weg bin. In diesen drei Jahren erst merkte ich so richtig, was mir die Eltern, das Daheim bedeuten, was ich ihnen schuldig bin. Zu Deinem Geburtstag daher in Dankbarkeit meine besten Wünsche! Dein Sohn Gottfried.

München, 29.3.42.

Liebe Lisl!

Seit unserem letzten Beisammensein sind schon wieder 4 Wochen vergangen und nachdem ich jetzt übermorgen endgültig an die Front abdampfe, will ich Dir nochmal kurz schreiben. Ich nützte den letzten Sonntag noch aus um heimzufahren, von Murnau sind es ja nicht so viele Kilometer. Halt, ich schrieb Dir ja noch gar nichts und so wirst Du es auch nicht wissen, daß ich seit 14 Tagen ein Murnauer bin. Von Mittenwald bin ich nämlich mit dem Batl. weggekommen in Privatquartiere in Murnau, weil wir in Mittenwald die Kaserne für neue Rekruten räumen mußten. In Murnau hatten wir es sehr schön getroffen, schöne Quartiere, freundliche Leute, und eine recht nette Gegend. Ich hatte anfangs mit meiner Kompanie ziemlich Arbeit, bis ich mich eingewöhnt hatte; jetzt läuft der Laden schon einigermaßen und ich beherrsche die Sache soweit nötig. Letzten Sonntag war ich übrigens in Seefeld, Tirol, beim Schifahren und habe meine Abschiedstour gemacht. Es ist noch recht gut gegangen. Was treibst Du die ganze Zeit über. Wirst halt auch genug zu tun haben. – Während des

Transportes kann man mir jetzt dann leider nicht schreiben, sondern erst wieder, wenn ich von draußen meine Feldpostnummer hereinschreibe, und das wird einige Wochen brauchen. Bis dorthin also recht liebe Grüße von Deinem Bruder Gottfried.

München, 29.3.42.

Liebe Tante Paula!

Unser vor Kurzem noch so reger Brief- bzw. Päckchenverkehr stockt nun seit einigen Wochen, z.T. durch meine Schuld, nachdem ich nur mehr sehr wenig hören ließ. Ich war allerdings in einer sehr ungünstigen Lage in dieser Hinsicht, denn alle 1-2 Wochen änderte sich meine Adresse durch ewige Versetzungen. Nach Kursende bin ich ja nach Sonthofen gekommen, dort aber kaum eine Woche geblieben, nach Weilheim versetzt worden, von dort nach Mittenwald und zum Schluß jetzt landete ich in Murnau. Von Mittenwald an war ich Kompanieführer und hatte natürlich ziemlich viel zu tun, bis ich mich einmal eingearbeitet hatte; jetzt tue ich mich schon wesentlich leichter. Mit Murnau als Standort hatte ich es auch ganz schön getroffen, die Leute waren dort sehr freundlich zu uns, ich hatte ein feines Quartier, wir waren alle gut aufgehoben. Nun aber kommen wir fort, übermorgen geht der Transportzug ab, der das ganze Ersatzbatl. an die Front bringen wird. Da bin ich nun den letzten Sonntag nochmal heimgefahren, es wird sowieso lange dauern, bis ich wieder einmal heimkomme. Und nun muß ich natürlich auch noch an Dich, liebe Tante, schreiben, damit Du ein wenig über mich unterrichtet bist, nachdem Du doch immer in so lieber Weise Interesse an meinem Ergehen hattest. Während des Transportes kann man nur leider nicht schreiben, es wird also recht lange dauern, bis ich wieder Post bekommen kann. Sowie ich meine Feldpostnummer habe, werde ich sie Dir mitteilen. Bis dorthin viele herzliche Grüße! Dein Neffe Gottfried.

Murnau, 31.3.42.

Meine Lieben!

Vor der Abfahrt in Eile noch einen kurzen Brief. Ich muß mich im Augenblick um eine Menge kümmern und habe leider nicht mehr viel Zeit. Die Schlüssel gehören zu dem Korb bzw. Kiste, die in den nächsten Tagen am Bhf. Großh. ankommen muß, mit all meinen überflüssigen Sachen. Die Bilder legt bitte zu den anderen von mir in dem F.P.-Päckchen; ich will sie nicht alle mit hinausnehmen. Der Schuster scheint nun doch den Bz. Schein geschickt zu haben, ist das Geld auch gekommen? Er hat sich gerade noch eines Besseren besonnen. Einige von den noch fehlenden Sachen habe ich noch hier bekommen und ich bin jetzt wirklich mit allem Notwendigen versehen. Nun recht, recht liebe Grüße an Euch alle Euer Gottfried.

3.4.42.

Meine Lieben!

Es wird jedenfalls ziemlich lange dauern bis Ihr diesen Brief bekommt und je weiter ich fahre, umso schlechter wird die Postverbindung, so daß ich jetzt öfters schreiben muß, wenn wenigstens alle paar Tage Post von mir kommen soll. Recht viel gibt es allerdings nicht zu berichten, die Fahrtroute wird Euch vielleicht interessieren, ich darf sie aber natürlich wie immer nicht schreiben, obwohl sie eigentlich ziemlich selbstverständlich ist. Im Zug ist es einigermaßen für mich auszuhalten, man vertreibt sich die Zeit mit Lesen, Schreiben, Schlafen, Essen und Trinken. Jawohl, auch mit Trinken! Gestern Abend z.B. habe ich einen Punsch gebraut, teils aus meinen Vorräten, teils aus denen der anderen und es ist ganz vorzüglich geworden. Die Landschaft bietet seit gestern nicht viel Abwechslung. Wie wir in Linz durchgefahren sind, habe ich einen ¾ stündigen Aufenthalt dazu ausgenützt, um die Mutter des Kriegsschulkameraden aufzusuchen (die Wohnung ist ganz in der Nähe des Bahnhofs). Er selbst war leider nicht zuhause. Für die Fahrt rüstete sie mich mit einer Flasche ausgezeichneten Weines (schon getrunken) aus. Man ißt und trinkt zum großen Teil überhaupt nur aus Langeweile. - Nun wollte ich noch etwas vom Abschied in Murnau schreiben. Also die Leute waren wirklich rührend, ich war fast an Klagenfurt erinnert – und das will schon etwas heißen. Soweit möglich gaben sie uns Zigaretten, süße Sachen und Alkoholisches mit, Blumen brachten sie korbweise. Murnau bleibt mit bestimmt in guter Erinnerung. Durch die schönen Gegenden Süddeutschlands sind wir leider bei Nacht gefahren, bzw. es hat geregnet, - jetzt ist nicht mehr viel zu sehen. Allmählich beginnt das Landsknechtsleben wieder, bei dem man alles zivilisatorische entbehren muß. Ich werde mich in Kurzem daran gewöhnt haben, schließlich war ich ja eineinhalb Jahre lang unter diesen Bedingungen Soldat. Der Schlafsack hat mir übrigens schon sehr genützt, ich glaube, ich bin noch sehr froh drum. Die Kleinigkeiten, die mir noch fehlten, ließ ich noch in München durch einen meiner Leute mit Vitamin B besorgen, der alles pünktlich brachte. - So nun müßt Ihr die schlechte Schrift entschuldigen, ich schreibe nämlich auf dem Knien im furchtbar schaukelnden Zug. Recht liebe Grüße über mehr als 1000 Kilometer Euer Gottfried.

Auf Fahrt...

...nach Russland

Auf Fahrt, 8.4.42.

Meine Lieben!

Nach genau einer Woche Fahrt will ich Euch wieder einen Bericht geben obwohl eigentlich nicht viel passiert. Ich sitze, liege oder stehe halt den ganzen Tag im Zug, zu tun ist kaum etwas, außer wenn ich Transportoffizier bin für je einen Tag alle 5 Tage einmal, und dann bei jeder Station mich um die Weiterfahrt kümmern muß u. dgl.. Das Tempo hat sich mehr und mehr verlangsamt, in Deutschland ist es fast mit Schnellzuggeschwindigkeit vorwärtsgegangen, in Ungarn schon kaum mehr Personenzugtempo und jetzt stehen wir auf jeder Station soundsolange, manchmal gleich 4-5 Stunden oder gar einen halben Tag. In meinem Abteil habe ich es mir aber schon entsprechend gemütlich eingerichtet, ich arbeite mit ähnlichen Mitteln auf die Gemütlichkeit hin wie in meinem Zimmer in Döberitz. Mit einem kleinen, selbstgebauten Kocher wird gebacken und gebraten (meist Eierkuchen; denn Eier sind, wenn auch teuer, zu kaufen).

Kochen im Zug

Man muß es sich schon im Zug gemütlich machen, denn außerhalb ist jetzt der Dreck und Versau angegangen.

Rumänien ist übrigens auch kaum besser mit Straßen und dgl. wie Rußland. Meine warmen Sachen, vor allem der Schlafsack in seiner verbesserten Form, sind gut zu brauchen; hier weht noch ein eisiger Wind, z.Z. liegt noch Schnee. – Für den Fall, daß der Brief so lange braucht, will ich Irmi jetzt schon einen Geburtstagsglückwunsch und ein Extra Busserl mitschicken. – An alle anderen ebenfalls liebe Grüße von Eurem Gottfried. Sache Reitstiefel-Hose ist wahrscheinlich erledigt, nachdem ich den Bz.Schein an den Münchener Schuster sandte. Geld wird denn auch gekommen sein?

Rußland, 14.4.42.

Liebe Tante!

Nun habe ich gerade wieder Zeit zum Schreiben und da will ich es nicht versäumen auch Dir einen Bericht von meinen Erlebnissen zu geben. Nach einem sehr herzlichen Abschied von der Murnauer Bevölkerung, die uns ja die 14 Tage unseres Dortseins möglichst angenehm machte, saßen wir 11 Tage in der Bahn durch die Ostmark, Ungarn, Rumänien und zum Schluß Ukraine. Fast 4000 km waren es, durch Deutschland ist es sehr schnell gegangen, durch Ungarn immer langsamer geworden und außerdem langweiliger, denn in der topfebenen

Pußta ist nicht viel zu sehen, dann waren die Kaparten eine angenehme Abwechslung, sie sehen ähnlich aus wie unsere Voralpen und haben sehr schönen Wald. Dort hat es außerdem ausgerechnet am Ostersonntag fest geschneit, es lagen ca. 20 cm Neuschnee. In Rumänien ist dann der Dreck angegangen, der uns auch in Rußland nicht verlassen hat und in dem wir jetzt festsitzen. Die Straßen sind nämlich nur aufgeweichte Erde, ein einziger Schlamm, und wir bringen unsere Fahrzeuge auch mit Vorspann nicht durch.

Karpaten Ostersonntag

Donez

Wir sollten noch ca. 50 km an die Front vor um dort auf die kämpfende Truppe als Ersatz aufgeteilt zu werden, müssen aber nun warten, bis die Straßen einigermaßen befahrbar sind, was nicht lange dauern wird, denn der stete Wind, der hier weht, trocknet erstaunlich schnell und der Schnee ist bis auf wenige Reste schon weg. Solange liegen wir jetzt in einem kleinen, dreckigen ukrainischen Dorf, dichtgedrängt. Nun recht herzliche Grüße über gut 3000 km Fahrtlinie hinweg! Dein Neffe Gottfried. Wenn Du mir schreiben willst, adressiere bitte an die alte F.P.Nr. 29654B; ich werde in dasselbe Regiment kommen und dann die Post schon bekommen! G.

Wieder in Russland

Rußland, 14.4.42.

Liebe Lisl!

Nun habe ich gerade Zeit und ich kann Dir nach zwei Wochen wieder einen Bericht von meinen Erlebnissen geben. Nach einem sehr herzlichen Abschied von der Murnauer Bevölkerung, die uns die 14 Tage, die wir dort waren, sehr freundlich aufgenommen hatte, saßen wir 4 tage in der Bahn, fast 4000 km durch die Ostmark, Ungarn, Rumänien und zuletzt das trostlose Rußland. Trostlos deshalb, weil es in ewig gleichen, endlosen, großen Wellen daliegt, selten einmal ein

Dorf mit elenden Hütten oder eine hypermodern gebaute Fabrik, und nicht einmal ein Wald, wie er wenigstens in den Teilen der Ukraine zu finden war, in denen ich letztes Jahr marschierte. Mit der Bestellung der Felder wird es heuer etwas hapern, denn die Russen haben die meisten Maschinen zerstört, die für die riesigen Felder nötig sind und die Bevölkerung arbeitet auch nicht übermäßig viel. Und dabei wäre so unendlich viel aus dieser Erde herauszuholen. Du machst Dir keinen Begriff wie fruchtbar sie ist. Da gibt es nach dem Krieg Arbeit! Wir sollten nach dem Ausladen jetzt vormarschieren zur Front um dort auf die Truppe aufgeteilt zu werden, aber die Straßen sind nur aufgeweichte Erde, ein einziger Schlamm, und wir bringen unsere Fahrzeuge nicht durch, auch nicht mit Vorspann, und müssen daher notgedrungen in einem kleinen Dorf dicht gedrängt Quartier machen. Ich denke aber, daß bis in wenigen Tagen der ärgste Dreck vorbei ist, der Schnee ist nämlich bis auf Reste weg und der stete, wenn auch kalte Wind trocknet schnell, und wir werden wieder marschieren können und ich werde hoffentlich wieder in die alte Komp. oder zumindest dasselbe Batl. zurückkommen. Ich traf bereits am Ausladebahnhof einige Kameraden der alten Komp. und erfuhr wie es zugeht. Zum Aushalten wird es sein! Nun recht liebe Grüße (wenn Du mir schreiben willst, kannst Du mit der alten Nr. 29654B adressieren, ich bekomme es dann schon) von Deinem Bruder Gottfried.

18.4.42.

Meine Lieben!

und vor allem: Liebe Irmi! Dieser Brief soll nämlich ein Geburtstagsbrief werden für die kleine Irmi vom Onkel „Gopf". Also einen recht, recht fetten Kuß soll die Mutti in meinem Namen dem kleinen Teufel geben! - Recht viel Neues gibt es bei mir noch nicht, nachdem wir jetzt fast eine Woche in derselben Ortschaft liegengeblieben sind, wegen dem zu großen Dreck, müssen wir morgen wieder weiter marschieren und ich werde dann meine endgültige Truppe bald erreichen. Ich rechne mit 80% Wahrscheinlichkeit auf mein altes Batl. und somit auf dieselbe F.P.Nr., nur mit einen anderen Buchstaben. Wenn Ihr aber jetzt schon an die alte Nr. schreibt, bekomme ich es ebenfalls bestimmt, höchstens mit ein paar Tagen Verzögerung. Ich habe verschiedene Bitten, die Ihr mir bitte besorgen wollt und dann schickt, wenn ich die F.P.Nr. schreibe: 1. Graue Stopfwolle, 2. meine alten Sockenhalter, 3. ein kleines Salzbüchserl, 4. eine kleine Fettbüchse (für ca. 80gr Butter), wenn wegen Gewicht zu schicken!, 5. meine braune Turnhose, 6. ein Büchserl weiße [?], 7. wird in einigen Tagen oder auch Wochen eine Nachnahme von ei. Gew. Bodlmeier kommen, bitte annehmen, es sind Bilder. - Der Geburtstag von Karl ist mir inzwischen eingefallen 27. Juni, es stimmt doch ? (27.,28.,29.,Apr., Mai, Juni, gelt?). - Nach einigen Erfahrungen mit dem Russenpack komme ich zu der Überzeugung, daß das bolschewistische Kollektivsystem mit dem unglaublichen Zwang durchaus angebracht ist, dieses Gesindel muß von früh bis spät mit der Peitsche angetrieben werden. - Sollte irgend ein Brief von einer Freifrau v. Levetzow kommen, das war meine Quartierwirtin in Murnau, bei der ich äußerst vornehm und zugleich herzlich untergebracht war. - Viele liebe Grüße – wenn bis zum Muttertag kein Brief mehr ankommen sollte an Mutter einen besonders herzlichen! Negative bitte zu den anderen Bildern! Euer aller Gottfried.

22.4.42.

Meine Lieben!

Nach 3 Tagen Marsch (die Wege sind bei gutem Wetter überraschend schnell getrocknet) bin ich jetzt bei der Division eingetroffen und erfahre gerade, daß ich zur alten Kompanie versetzt bin. Es hat also alles nach Wunsch geklappt und ich fühle mich bereits wieder so richtig beheimatet. In kurzer Zeit werde ich dann die Kameraden treffen, mit denen ich immerhin gut 1 ¼ Jahre beisammen war. Augenblicklich rührt sich nicht viel an der Front, mein Batl. liegt gerade in Ruhe. Das Wetter ist von einem auf den anderen Tag von einem unfreundlichem, regnerischen Tag in ein herrliches Sonnen-wetter übergewechselt, nur bei Nacht ist es noch immer etwas kalt, bei Tag beinahe Sommertemperatur. Die verschiedenen kleinen

Dinge, mit denen mich vor allem Gertrud ausgerüstet hat, haben sich samt und sonders äußerst praktisch erwiesen, einige Kleinigkeiten habe ich natürlich wieder vergessen, ich schrieb Euch ja schon darum (1. Büchserl weiße Vaseline, 2. braune Turnhose, 3. Salzbüchserl, 4. graue Stopfwolle, 5. Sockenhalter, die alten, - Fettbüchse habe ich bereits). Die Wäsche macht keine Schwierigkeiten, jede Ukrainerin wäscht ja, wenn man dahinter steht sogar ganz sauber. Socken habe ich etwas zu wenig dabei, macht bei meinem Fußlappentragen nicht viel aus. Ungeziefer habe ich noch gar keines, und nachdem das Wetter jetzt gut ist, wird man in kurzer Zeit wieder zelten können und damit ist dann diese Gefahr den ganzen Sommer über gebannt. – Den Brief gebe ich einem Leutnant des Marschbatl. mit, der wieder zurückversetzt ist und sicher sehr schnell heimkommt, ich habe ihn außerdem aufgetragen telefonisch Grüße zu bestellen. Er ist ein sehr gemütlicher älterer Herr, echter Münchener, und ich habe mich mit ihm ausgezeichnet verstanden. Auf die Weise also nochmal liebe Grüße und für Mutter zum Muttertag im Voraus meine Glückwünsche! Euer Gottfried

26.4.42.

Meine Lieben!

Nun hat sich doch noch etwas geändert bei meiner Versetzung, ich bin nicht, wie mir zuerst der Regimentsadjutant sagte, in der alten 1. Komp. gelandet, sondern der 3. Komp. zugeteilt.

Das macht aber nichts, ich habe hier einen sehr feinen Komp.-Chef (einen Schlesier, der nicht nur Interessen auf militärischem Gebiet hat) und angenehme Kameraden, ein Innsbrucker ist Arzt und ein Bozener zweiter Leutnant. Komp. Führer bin ich hier selbstverständlich nicht mehr, sondern ich habe lediglich einen Zug, denn eine Frontkomp. ist etwas anderes als eine Ersatzkomp.. Da tue ich mich aber jetzt auch wesentlich leichter, ich empfinde es fast als Spielerei und bin demgemäß auch gerne bei der Sache. Alle die Schwierigkeiten, die ich mit Hauptfeldwebel, Unteroffizieren usw. hatte, fallen alle weg, ich kann mich mit den einzelnen Leuten des Zuges viel mehr abgeben. In einem kleinen Dorf sind wir nicht gerade besonders gut untergebracht, ziemlich dreckig, aber mir macht das wenig, ich gewöhne mich überall schnell ein und außerdem habe ich mit all diesen Unannehmlichkeiten in den 5/4 Jahren als Gefreiter bereits herumgeschlagen. - Nun geht die Post mit einem Urlauber weg, ich muß schnell schließen und schicke recht liebe Grüße an alle mit! Euer Gottfried.

Im Feld, 27.4.42.

Liebe Mutter!

Je länger ich von daheim weg bin umso mehr lerne ich die Erziehung und Charakterbildung im Elternhause schätzen als maßgebend für Erfolg oder Schwierigkeit im späteren Leben.

Und da darf ich wohl sagen daß ich von Dir einen Vorsprung mitbekommen habe, den ich gerade in den jetzigen Zeiten brauchen kann. Drum will ich Dir zu Deinem Tag heuer auch ganz besonders danken, wenn ich es auch nur schriftlich kann. Dein Sohn Gottfried.

Im Feld, 28.4.42.

Liebe Tante!

Endlich – nach fast 4 Wochen – bin ich jetzt soweit Dir meine Adresse angeben zu können. Da will ich diese Post gleich ausnützen und Dir einen kleinen Bericht von hier geben. Also, nachdem ein paar Tage sonniges Wetter mit fast sommerlichen Temperaturen tagsüber (nachts ist es immer noch empfindlich kalt) die Wege aufgetrocknet hatte, konnten wir mit unserem Marschbataillon wieder weiter marschieren (den Brief von dem Quartierort, in dem wir wegen des schlechten Wetters aufgehalten waren, hast Du doch hoffentlich bekommen ?) und erreichten in ein paar Tagen unsere Fronttruppe, wir wurden gleich aufgeteilt, wobei meine Kompanie in alle Winde zerrissen wurde, und jetzt bin ich bei meinem endgültigen Feldtruppenteil angelangt – und stell Dir vor: Ich bin in mein ehemaliges Batl. gekommen und habe schon viele alte Kameraden getroffen. Als Komp.-Chef habe ich einen sehr sympathischen, einige Jahre älteren Oberleutnant und mit den beiden anderen Offizieren – einem Arzt und einem Leutnant – ist ebenfalls ein gutes Auskommen. Auch sonst ist es durchaus zum Aushalten, viele zivilisatorische Errungenschaften, ohne die man daheim nicht leben zu können glaubt, habe ich mir ja schon in der Zeit als gemeiner Frontsoldat abgewöhnt und tue mich jetzt umso leichter. Augenblicklich ist das Batl. in Ruhe, wie überhaupt jetzt die Front hier ziemlich ruhig ist und mit Leuten und Material aufgefüllt wird. Unablässig kommt Zug auf Zug angerollt – die Bahnen verkehren bis dicht hinter die Front. Nun, wir werden sehen, was der Sommer bringt. Recht herzliche Grüße wie immer Dein Neffe Gottfried.

1.5.42.

Liebe Lisl!

Nun bin ich endlich soweit Dir über meinen endgültigen Verbleib berichten zu können. Nach den 11 Tagen Bahnfahrt hatten wir einen Landmarsch über grundlose Wege mit riesigen Schwierigkeiten unsere Fahrzeuge vorwärtszubringen. Die Straßen bestehen eben hier nur aus aufgeworfener Erde, Steine gibt es ja in diesem Land kaum welche. Ist die Erde trocken, ist sie beinahe steinhart und gibt eine ganz harte Straßendecke, regnet es aber einmal, dann ist statt der Straße nur ein zäher Schlamm da, und bei der Schneeschmelze wird es eben überhaupt grundlos. Ein paar sonnige Tage, in denen es fast sommerlich warm wurde tagsüber (nachts ist es immer noch reichlich kalt), trocknete rasch soweit auf, daß wir wenigstens durchkamen – jetzt regnet es wieder. Wir wurden verteilt und denk Dir: Ich kam in mein ehemaliges Bataillon zurück, lediglich in eine andere Komp.. Viele alte Kameraden traf ich bereits. Meine Vorgesetzten sind durchweg angenehm und sehr tüchtig, da wird im Einsatz ein gutes Arbeiten sein. Eingewöhnt habe ich mich auch bereits, es macht mir ja keine Schwierigkeiten, nachdem ich immerhin schon fast 11/2 Jahre heraußen war. Die verschiedenen Kleinigkeiten, mit denen Ihr zuhause mich ausgerüstet habt wie z.B. Deine gestrickten Hauspatschen, bewähren sich ausgezeichnet, sie erleichtern mir das Leben und machen vieles angenehmer. – Wie geht es Dir inzwischen, was treibst Du ? Laß bitte von Dir hören! Recht herzliche Grüße von Deinem Bruder Gottfried.

16.5.42.

Meine Lieben!

Eigentlich warte ich jetzt schon immer auf Post von Euch und wollte vorher gar nimmer schreiben; es wird aber bald so sein, daß ich nur noch schlecht Zeit habe zum Schreiben und wahrscheinlich nur Karten schicken kann, drum habe ich mich heute zu einem Brief aufgerafft. Allzuviel zu erzählen gibt es nicht. Hier wird es jetzt auch Frühling bzw. gleich Sommer. Seit einigen Tagen ist es richtig warm und ich kann mir bereits die Hitze (mit entsprechendem Schwitzen) in den kommenden

Monaten vorstellen. Wir sind inzwischen in Stellung gerückt und ich hatte Gelegenheit mich wieder ans Schießen (nicht nur hinüber, sondern auch herüber) zu gewöhnen. Die Russen sind zahlenmäßig und in ihrer Ausrüstung immer noch ziemlich stark – man sieht es ja an den Beutezahlen, die von Kertsch durchgekommen sind – und es wird kein leichtes Stück werden. Was mich am meißten wundert ist, daß auch ihr Ausbildungsstand gar nicht so sehr nachgelassen hat. Na – wir werden ihnen aber doch zeigen, wer den eisernen Willen hat, unsere Vorbereitungen sind auch nicht von Pappe. - Post braucht neuerdings nur noch 2 Wochen, und außerdem dürfen wir Flugpost schicken, in Bälde wird es soweit sein. Eine Bitte an Gertrud: Wenn der Berliner Schneider keine Berghose macht, bestelle bitte auf alle Fälle eine Stiefelhose (auch Einheitsstoff). Bez.Schein zuerst schicken, Geld erst nach Fertigung (Vorsicht man wird leicht übers Ohr gehauen!) Wie steht es mit all den anderen (jetzt allerdings reichlich abseits liegenden) Sachen? Damit Ihr Euch ein Bild von unserer Stimmung machen könnt, schicke ich die Zeitung mit. Und nun recht liebe Grüße! Euer Gottfried.

19.5.42.

Liebe Lisl!

Nun wird es höchste Zeit, daß ich Dir wieder einmal Nachricht von mir gebe. Du mußt aber entschuldigen, wenn es nur eine Karte, ich habe aber leider nicht Gelegenheit einen richtigen Brief zu schreiben, denn nun sind wir nicht mehr gemütlich in Ruhe, sondern waren eine Woche im Stellungskrieg eingesetzt und jetzt wird seit 3 Tagen angegriffen. Es geht verhältnismäßig gut vorwärts, die Russen sind lange nicht mehr die guten Soldaten wie voriges Jahr. Außerdem ist augenblicklich wunderbares Wetter, trocken und heiß, die Straßen sind wieder hart. Übergangslos ist es vom kalten Wetter Sommer geworden, überall wird es grün und mir erscheint das Land lange nicht mehr so öde wie vorher. Man gewöhnt sich ja überhaupt mit der Zeit an alles. Die von Dir gestrickten Patschen sind wunderbar praktisch und bequem, ich kann sie dauernd brauchen. Nun laß bitte Du was von Dir hören, wie es Dir geht. Recht liebe Grüße Dein Bruder Gottfried.

22.5.42.

Meine Lieben!

Ich habe Euch, glaub ich, schon geschrieben, daß wir eine Luftfeldpost eingerichtet bekommen. Nun ist es soweit. 2x im Monat kann man zu einem Termin (9. und 24. bei uns) Post auf diese Weise abgeben und zwar bekommt man 4 Marken. Die kann man nun entweder selber verwenden oder in die Heimat schicken, damit man heraus schicken kann. Wir haben in diesem Monat erst 2 Marken bekommen, eine lege ich gleich mit bei, dann hoffe ich bald Post zu erhalten. Vorgestern ist übrigens der erste Brief seit 7 Wochen eingetroffen, ein Fest! Von Euch ist allerdings noch nichts da, obwohl Ihr doch eigentlich meine Feldpostnummer zuallererst erfahren haben müßtet. An Euch habe ich schon geschrieben, wie ich noch gar nicht bei der Komp. war. Nun – ich denke, daß bis in ein paar Tagen ziemlich Post für mich bereitliegt. Der Nachschub klappt nämlich augenblicklich ausgezeichnet, nicht nur die Post braucht nur noch etwas 2 Wochen, sondern wir bekommen auch an Munition, was wir brauchen und Verpflegung ist a) mehr als reichlich, b) qualitativ ausgezeichnet, im Gegensatz zu den Wochen, in denen wir nicht eingesetzt waren. Auch Süßigkeiten gibt es (Drops und Schokolade), und zwar mehr als ich es je in einem Feldzug erlebte. Man weiß allerdings auch, warum man uns so gut hält, denn bei der jetzigen Einkreisungsschlacht, die körperlich und seelisch von jedem ziemlich viel verlangt, haben wir Jäger bereits jetzt ganz schöne Erfolge erzielt. Bis der Brief ankommt, wird man auch zuhause schon davon erfahren haben. Die Verluste halten sich bis jetzt in normalen Grenzen, ganz leicht bin ich diesmal auch angekratzt worden, ich brauchte aber gar nicht zurück, sondern konnte weitermachen ohne besondere Beschwerden, und jetzt, nach 3 Tagen, heilt es schon ganz gut (ein Granatsplitterlein im Fuß). Unser Nachersatz hat sich moralisch wie körperlich gut gehalten, während ich vor den Russen lange nicht mehr soviel Respekt habe, wie voriges Jahr. Ihre Ausrüstung allerdings ist ausgezeichnet, mich würde nur interessieren, woher sie die Waffen alle haben. Nun recht liebe Grüße an Euch daheim und diesmal eine besonders schnelle Beförderung! Euer Gottfried.

24.5.42.

Liebe Tante!

Du mußt bitte entschuldigen, daß ich nur einen so windigen Feldpostbrief an Dich schreibe, aber im Augenblick sind wir im Vormarsch, vor zwei Tagen standen wir noch im Kampf, und ich habe nichts anderes zur Verfügung. Zu Deinem Geburtstag muß ich Dir aber doch unbedingt rechtzeitig gratulieren. Also meine allerbesten Wünsche für Dein weiteres Wohlergehen und Deine Gesundheit. Du hast Dich, solange ich Soldat bin, stets besonders um mich angenommen, dafür will ich Dir bei dieser Gelegenheit vielmals danken. - Nun ist es bei uns bereits mit der Offensive losgegangen, es handelt sich vor allem hier um eine Frontbereinigung. Der Angriff geht gut vorwärts, so starken Widerstand wie letztes Jahr leistet der Russe nicht mehr. Bis der Brief ankommt, wird man sicher schon Erfolge hören. Nun nochmal die besten Wünsche und liebe Grüße. Dein Neffe Gottfried.

25./26.5.42.

Meine Lieben!

Nun ist es schon gut eine Woche seit meinem letzten Brief und Ihr wollt sicher wieder Nachricht von mir haben. Wir hatten inzwischen tatsächlich 3 Tage Ruhe, es kam sogar der mot. Troß vor und ich damit zu meiner Kiste, so daß ich daraus wieder einige der verlorenen Sachen ergänzen konnte und mich z.B. nicht mehr mit nur 1 Taschentuch durchretten muß. Verschiedenes an Wäsche, wie z.B. Socken, wurde mir ja überhaupt schon aus Kammerbeständen ergänzt und dabei fahre ich nicht schlecht, denn so gute Wollsocken wie diese sind, glaub ich, sind im Augenblick rar. Für die anderen Sachen bekomme ich einen Bez.Schein, mit dem man dann in der Heereskleiderkasse (allerdings nur in dieser) diese Dinge besorgen kann. Aber das ist ja alles ziemlich unwichtig ! - Hier ist inzwischen vor 4 Tagen der Angriff wieder losgegangen, ob er aber gleich weiter rollt, ist mir nicht ersichtlich, wir jedenfalls haben gestern unser Ziel erreicht, eine kleinere Einschließung mit einigen tausend Gefangenen ist gelungen und heute halten wir. So hart wie in den letzten Kämpfen ist es diesmal bei weitem nicht zugegangen, ich habe überhaupt den Eindruck, wie wenn die Russen keine rechte Lust mehr hätten; jedenfalls lassen sie sich viel leichter gefangennehmen und laufen auch über. Außerdem ist ihre zahlenmäßige Überlegenheit doch nicht mehr so erdrückend, und was schwere Waffen und Flieger anbelangt haben wir – in unserem Abschnitt zumindest – die Überlegenheit. Übrigens kann ich da nur wiederholen: Was an Waffen, guten Neukonstruktionen und bewährten alten Mustern, im Winter geschaffen worden ist, ist ungeheuer. Ich müßte mich schon täuschen, wenn schließlich nur unsere Division bzw. unser Abschnitt besonders begünstigt wäre. Leute, die von rückwärts kommen erzählen auch von steten Transportzügen auf sämtlichen Bahnlinien. Das Wetter war uns bis jetzt nicht grade hold, immer wieder regnet es ganz ekelhaft, was nicht nur die Straßen in das verwandelt, was sie ja tatsächlich sind: Dreck, sondern auch uns arme Infanteristen in den Erdlöchern wegschwemmt. Kommt dann die Sonne raus, wird es unerträglich schwül. Halt, könnt Ihr mir bitte Zitronensäure schicken, also dieses Ciso o.ä., es wäre gegen Durst und vielleicht auch in kurzer Zeit um Salat anzumachen sehr fein ! Noch etwas bräuchte ich: Schuhfett (Collonil). Mit meinen Füssen bin ich wie stets sehr zufrieden. - Heute kam Post, für mich von allen Seiten, wie ich überhaupt damit gut versorgt werde – äußerst wichtig! Der Kamerad, der vor etwa 2

Monaten bei Euch angerufen hat und Grüße bestellte, ist wieder heraußen, vorgestern sah ich ihn, leider nur kurz im Vorbeigehen. - Die Gegend am Donez war sehr schön (im Vergleich zum sonstigen „Gelände"), sogar Nadelwälder sah man wieder - aber jetzt sind wir schon drübernaus, endlose leichte Wellen, kaum ein paar Laubbäume, Kultursteppe. Nun recht liebe Grüße an Groß und Klein, Haus und Garten, Isarhöhe und mein liebes München Euer Gottfried.

29.5.42.

Meine Lieben!

Ihr dürft nicht ungeduldig werden, wenn jetzt seltener Post kommt, denn wir sind augenblicklich ziemlich hart eingesetzt und zum Schreiben ist kaum Zeit, Ihr seid so fast die einzigen, denen ich schreibe. Ich werde übrigens auch nicht ungeduldig, obwohl ich von Euch noch immer nichts bekommen habe. Insgesamt hat mich jetzt seit 1.April ein Brief und eine Karte erreicht. - Im gestrigen Wehrmachtsbericht ist – glaub ich – zum Erstenmal von unserer Schlacht die Rede mit 160.000 Gefangenen, die Toten müssen mindestens ebensoviel sein. Seit 17. haben wir angegriffen und es ist verhältnismäßig nach Plan abgelaufen, die letzten 4 Tage waren wir dort eingesetzt, wo die eingekesselten Russen durchbrechen wollten. Dort haben sie selbstverständlich mit ungeheurer Übermacht angegriffen und wir erlebten allerhand: In einer Breite von ca. 2-3 km und einer

Tiefe von 5-6 km hatten sie ihre Marschkolonnen, Panzer, Troß und Artillerie auf freiem Feld aufgestellt und rollten wie eine Walze allmählich heran. Es war schlechtes Wetter, starker Regen, so daß unsere Flieger nicht da waren und man überhaupt erst als es ein wenig zu regnen aufhörte, man das alles übersah. Einen Überblick hat man ja hier bei dem weiten Gelände über das Schlachtfeld wie man es sich nicht besser vorstellen kann. Mit einer Kavallerieattacke leiteten sie ihren Angriff ein, durch Zufall erwischten sie gerade eine Lücke bei uns und kamen durch. Und dann sah man nichts mehr als Massen, Massen und wieder Massen, ich war etwa 300m seitwärts und es war sicher das großartigste Schauspiel, das je geboten werden kann, auf dem Parteitag ist ein solcher Aufmarsch zu sehen. Unsere Art., Maschinengewehre und alles funkte dazwischen, jeder Schuß ein Volltreffer, und da kam der Zug bald ins Stocken. Mit Inft.-Angriffen versuchten sie es wieder ins Rollen zu bringen, da standen wir aber eisern, es kam niemand mehr durch. 2 Tage später probierten sie es ähnlich bei Nacht und zwar war ich diesmal unmittelbar am Flügel, sie kamen aber auch nicht weiter. Übrigens müssen sie alle besoffen gewesen sein, nur so ist dieser Wahnsinn denkbar, und es war nicht nur ihr ganzes Verhalten entsprechend, wir wir fanden bei ihnen auch Wodka kübelweise. Der Rest gab sich gefangen (viele Flintenweiber). Und nun sah man ein Toten- und Trümmerfeld wie wahrscheinlich bis jetzt einmalig, wenigstens von uns, die wir immerhin schon manches sahen, kann sich niemand an so etwas erinnern. Bei Nacht haben uns russische Flieger in liebenswürdiger Weise Benzin und Brot mit Fallschirmen abgeworfen, sie glaubten, hier wären noch eingeschlossene Teile. Sonst sieht man im Gegensatz zum vorigen Jahr fast ausschließlich deutsche Flieger, was ich gar nicht gewohnt bin. - Nun scheint es mit diesem Kessel ziemlich zu Ende zu sein, wollen sehen, wohin es geht. Vorläufig haben wir noch keine Ruhe, sondern marschieren weiter. Mein Sturmgepäck ist mir bei dem Durchbruch weggekommen mit leider verschiedenen nützlichen Kleinigkeiten. Es wird mir soweit möglich ersetzt werden, könnt Ihr mir einstweilen besorgen: 1. Zahnbürste, 2. Nagelschere, ganz leichte Hausschuhe (Patschen, wie sie mir Lisl machte), 4. Rasierpinsel, 5. Fußpuderbüchse, 6. [?] o.ä., 7. Taschentücher (alte), 8. Turnhose. Aber halt, man kann ja nur 100gr schicken ! Wir bekommen aber bald Marken, mit denen man im Monat 2 1kg Päckchen schicken kann. Richtet bitte einstweilen die Sachen her, ich werde diese Marken dann mit Flugpost schicken. Am meisten reut mich bald das graue Stirnband aus der wunderbar weichen Wolle und die Patschen von Lisl, die auch so bequem waren. - Hemden und andere Wäsche werde ich mir ersetzen lassen, sowie einmal ein paar Tage Ruhe kommen, ist das zu machen. - Verpflegt werden wir ausgezeichnet ich weiß in meiner ganzen Feldzugszeit kein solch gutes Essen. Nun muß ich Schluß machen, es wird schon sehr dunkel, die Augen fallen mir zu. Recht viele liebe Grüße an alle Euch daheim! Euer Gottfried. Was schreibt Helmut? Grünhöfervater muß zu der Zeit weggefahren sein wie ich gekommen bin.

1.6.42.

Hochverehrte Frau Gräfin!

Bevor ich Weiteres über mich berichte, muß ich mich meiner
Unhöflichkeit der falschen Anrede entschuldigen, über welche
ich mich nie genau erkundigte. Ich lernte aber Frau Gräfin als
so großzügig kennen, daß es mir sicher nicht übelgenommen
wird. - Und nun zu meiner jetzigen Lage: In einem Erdloch,
einige hundert Meter den Russen gegenüber, liege ich, gerade
kam Feldpost vor und darunter den der so herzlich
geschriebene Brief von Frau Gräfin, den ich nicht lange
unbeantwortet lassen kann. Meinen besten Dank ! Mit meinem
letzten Brief vor 1 Monat habe ich nun einiges erlebt. Vor 3
Wochen kamen wir aus unserer gemütlichen Ruhe in einem
kleinen ukrainischen Dorf in Stellung, die aber sehr ruhig war
und in der wir uns günstigerweise an den Feind und an das
Schießen allmählich gewöhnen konnten. Von dort aus wurde
am 17.5. angegriffen mit den Ergebnissen, wie sie jetzt bei der
Schlacht um Charkow gemeldet wurden. Wir lagen bis vor 2
Tagen in wirklich sehr starken Kämpfen gerade dort, wo der
Russe aus dem Kessel zum Donez durchbrechen wollte und wir
erlebten wahnsinnig massierte Angriffe der Russen bei Tag und
Nacht, die aber zu keinem Erfolg führten. Ich kann da mit Stolz
behaupten, daß wir Jäger uns hier sehr zäh gehalten haben,
unser Bataillon ist in der vorgetragenen Sondermeldung auch

erwähnt worden. Der junge Nachersatz übrigens des Murnauer Marschbataillons hat sich hervorragend geschlagen, wie von allen alten Feldsoldaten, Vorgesetzten wie Kameraden, einmütig anerkannt wird. Die Ausfälle sind – gemessen an den riesigen Erfolgen – nicht zu hoch. Die Bombardierung unserer Transporter ist ein frei erfundenes Gerücht, wir kamen ohne Stockung bei der Feldtruppe an. Mit einem Blick ins Donez-Tal, das im Gegensatz zur sonst eintönigen russischen Landschaft etwas lieblicher hersieht, erlaube ich mir ergebenste Grüße zu senden! Frau Gräfin dankbarer Gottfried Ettmayr.

5.6.42.

Meine Lieben!

Die Gelegenheit, daß Morgen ein Urlauber wegfährt, muß ich ausnutzen um Euch schnell Post zukommen zu lassen – es geht das sicher so schnell, wie mit Flugpost. - Zuerst will ich nun etwas regeln: Wie ich schon schrieb, ist mir mein Sturmgepäck weg gekommen, d.h. die Russen haben den Wagen mitsamt allem, was drauf war, fortgeführt. Und da schrieb ich Euch schon um einige Sachen. Diese Kilopäckchen scheinen aber doch noch nicht so schnell eingeführt zu werden und drum bitte ich Euch alles an den Urlauber zu schicken, er wird es mir mit herausnehmen. Dazu gebt bitte noch mit: 1. Zwei Sommersporthemden, das grüne französ. u. das weißliche „importee de Belgique", 2. ein Paar ganz leichte Hausschuhe,

fein wären wieder solche wie die von Lisl, 3. die bereits
beschriebenen Dinge. Solltet Ihr keine Nagelschere bekommen,
geht zu Widmann, Isartor, dort bin ich als Jäger immer
ausgezeichnet und bevorzugt bedient worden. Turnhose
brauche ich nun keine mehr, gestern sind die 6 Päckchen mit
den verschiedenen wichtigen Kleinigkeiten + den
hervorragenden „Onkel-[?]" (immer dieselbe Qualität!)
angekommen. Also meinen besten Dank - halt, Ihr glaubt gar
nicht, wie ich mich gefreut habe. Und wenn es auch jetzt fast
regelmäßig Süßigkeiten und sogar Schokolade gibt, das von
daheim genießt man mit ganz anderem Gefühl, es ist einfach
etwas besonderes. Vorgestern kam auch der Brief von Gertrud
aus Lenggries, da muß ich also scheinbar an Irmi einen
besonderen Gruß und ein Busserl mitschicken! Nun werde ich
gerade benötigt, ich kann nicht mehr fertig schreiben! Recht
liebe Grüße wie immer Euer Gottfried. Adresse des Urlaubers
hinten drauf!

8.6.42.

Liebe Tante!

Nun komme ich endlich dazu Dir auch einen ordentlichen Brief
zu schreiben, und es ist auch höchste Zeit dazu, wenn er Dich
noch bis zum Namenstag pünktlich erreichen soll. Also an den
Anfang meine besten Wünsche zu Deinem Festtag ! – Und nun
einen kurzen Bericht von meiner jetzigen Lage. Seit meinem

letzten Brief am 24.5. habe ich nämlich wieder allerlei mitgemacht. Wir waren also an der Schlacht südlich Charkow beteiligt und zwar griffen wir am 17.5. an um in den Rücken der vorgestoßenen Russen zu kommen. Es gelang auch vollständig. In den folgenden Tagen waren wir dann eingesetzt um einen Durchbruch der eingekesselten Kräfte zum Donez zu verhindern. Und da erlebten wir unglaubliches. Die Russen wollten unter allen Umständen durch und griffen in dichten Haufen, wie ehemals im Mittelalter, mit Kavallerieattacken und auch Panzern an. Sie wollten uns einfach niedertrampeln. Es gelang ihnen aber nicht, obwohl sie es einmal auch in der Nacht probierten. Wir schossen dazwischen, was wir Munition hatten und die Folge war ein Trümmer- und Leichenfeld, wie es noch keiner gesehen hatte. Die Erfolge sind ja im Wehrmachtsbericht genannt worden. Und nun liegen wir in Stellung an der Donezfront, leider hat es keine Ruhetage dazwischen gegeben, sonst hätte ich schon zeitiger geschrieben. Im Augenblick ist ein regnerisch-kaltes Wetter, ich liege in einem feuchten Erdloch wenige hundert Meter dem Russen gegenüber. Den ganzen Tag muü man in seiner Stellung bleiben und kann sich nicht recht rühren. – Nun nochmals alles Gute und herzliche Grüße von Deinem Neffen Gottfried.

9.6.42.

Meine Lieben!

Nun bin ich mit meinem Briefpapier endgültig soweit, daß ich nur noch Karten habe, obwohl ich in letzter Zeit nur wenig geschrieben habe. Neues habe ich von hier nicht zu berichten, außer daß in den letzten Tagen reichlich schlechtes Wetter war und als Folge davon für uns die Post ausblieb. Der Brief von Gertrud aus Lenggries war der letzte. Das Mü.-Mosaik war übrigens sehr schön, den Aufsatz im Reich las ich, als wir noch in Ruhe waren. Das sind für Herrn Weitz immerhin sehr schöne Erfolge! Wie steht's sonst daheim, Mutter soll mir doch bitte immer in ihrer bisherigen Art einen genauen Bericht von den Vorgängen zuhause geben, Vater scheint nicht viel Zeit zu haben! Gertrud, hast Du nochmal um Mützenstoff und dann um eine Keilhose geschrieben? Sind Stiefel von Kiermaier und Lederbesatz von Elting gekommen? Wenn Besatz nicht gek., dann zu einem Uniformschneider bzw. Schein u. Hose bringen! Halt, etwas habe ich bei dem schnell abgebrochenen Brief vor 5 Tagen vergessen: Mit den Hemden noch ein paar von den grauen Wadlstrümpfen mitschicken; Socken brauche ich keine mehr; habe hier welche bekommen. Hat es sich schon rentiert für mich ein Sparbuch anzulegen (mit Überträgen vom Postscheckk.)? So – nun habe ich, glaube ich, sämtlichen Kleinkram vom Stapel gelassen, er ist mir heute so im Laufe des Tages – in der Stellung liegend – eingefallen. Im Allgemeinen denkt man ja an diese materiellen Unwichtigkeiten heraußen nicht, es liegt das alles so fern. – Ich hoffe nun bald auf Post von

Euch daheim (da ist dann wahrscheinlich auch Briefp. Dabei, schickt mir trotzdem noch kurze Feldpostbriefe!) und schicke an Euch recht liebe und herzliche Grüße! Euer Gottfried.

17.6.42.

Meine Lieben!

Gestern kam der Luftpostbrief von daheim und nachdem ich heute wieder Marken bekommen habe und gerade Zeit zum Schreiben ist, will ich Euch gleich wieder einen schicken. Also recht vielen Dank für Eure lieben Zeilen, es ist jedes Mal wieder der Zauber eines Briefes von daheim, der mich – wie andere Kameraden – in fröhliche Stimmung und gute Laune versetzt. Und das will im Augenblick doch etwas heißen, denn nicht nur daß ganz allgemein dieses Rußland, Land, Leute, Bebauung, für uns Berg- und schließlich auch Sauberkeits-Liebhaber niederdrückend ist und man sich mit stets neuem Gleichmut und teilweise frischer Fantasie dagegen wappnen muß, hat man seit einigen Tagen das Gerücht von Ruhe für uns gehört, was sich immer mehr verdichtete um jetzt doch wieder nicht mehr zu sein – im Gegenteil. Nun, ich glaube schon einmal davon geschrieben zu haben, daß wir eine Art Landsknechte geworden sind, denen es selbstverständlich ist unter solchen Gegebenheiten zu leben. Auf eine längere Dauer unseres

Hierseins müssen wir uns doch gefaßt machen und einrichten , denn wenn ich auch davon schrieb, daß die Güte der Leute drüben nicht mehr das ist, was uns letztes Jahr gegenüber gestanden ist, es scheint ihnen zumindest an diesen nicht zu fehlen, und die russische Führung hat sichtlich viel gelernt und arbeitet z.T. mit gemeinen Raffinessen. Da erzählen die Leute, die ununterbrochen heraußen waren: ja, nach den Vernichtungsschlachten von Uman und am Asowschen Meer sah man eine unglaubliche Beute und endlos Gefangene und Tote und man meinte dann; jetzt müsse der Krieg aus sein, jetzt könnten sie nicht mehr gegenüber haben ! Und in kurzer Zeit hatten sie erst recht wieder einen hartnäckigen Widerstand. – Aber unsere Vorbereitungen, vor allem waffenmäßig (Front der Heimat !) und verkehrsmäßig (beste 2-gleisige Eisenbahnlinien und gerader Autobahnen bis dicht hinter die Front) sind solche, daß der Erfolg, wenn auch langsam, sicher steht. – Nachdem ich nichts mehr von dem Splitter schrieb, werdet Ihr schon angenommen haben, daß er keinerlei Wirkungen mehr hatte. Und meine Briefe werden Euch über die glückliche Ankunft von sämtlichen feinen Packerln u. Briefen gemeldet haben. Vaters schulische Reform-Arbeit liegt mir naturgemäß augenblicklich nicht nahe, dagegen das Weltanschauliche durchaus (sollte ein Abdruck möglich sein !). Mutter kommt mit den Winken in Bezug auf Gratulieren immer zu spät, 25 Tage nach Bettys Geburtstag kam die Erinnerung daran (sowie wir in Ruhe sind, soll sie einen Brief bekommen) und Tt. Paula hatte nun auch bereits vorgestern ihren 60. (zum Gb.tg. gratulierte ich, wußte aber nicht, da&szig; es der 60. ist). So, nun erholt Euch möglichst bei Gartenarbeit (einschl. Besuchen !), das muß ja eine Freude sein, den etwas herzurichten, hier in der Ferne stelle ich es mir wenigstens so vor. Und laßt Euch recht herzlich grüßen (bitte auch besondere Grüße an Tt. Luise, ich fand leider noch keine Zeit zu einem eigenen Brief!) von Eurem Gottfried. Über die Vermählungsanzeige vom Irmgard bin ich nicht entzückt, 1. Neid (der besitzlosen Klasse) 2. wittere ich u.k. (stimmts), u. damit entsprechende Wut!!! G.

17.6.42.

Liebe Tante Paula!

Heute bin ich zwar etwas knapp dran mit Zeit und ich wollte den Brief eigentlich auf die Ruhetage verschieben, die in Aussicht standen, aber nun ist erstens die Ruhe wieder verschoben worden und zweitens kamen in letzter Zeit von Dir nicht weniger als 3 Päckchen mit den feinen, so begehrten Süßigkeiten, daß ich den Dankesbrief nicht mehr länger verschieben darf. Also, recht, recht herzlichen Dank! Fast bei jeder Postverteilung ist aus Damenstift etwas dabei, und was uns heraußen Post bedeutet, habe ich Dir, ich glaube, schon genau erläutert – jedenfalls die größte Freude. Über mein näheres Schicksal wird Dir Mutter berichtet haben, nachdem sie bei Dir war zum 60., zu dem ich nachträglich noch besondere Glückwünsche bringen darf ! Und nun aus weiter Ferne herzliche Grüße und nochmal vielen Dank! Dein Neffe Gottfried.

26.6.42.

Liebe Tante!

Heute kamen zwei wunderbare kleine Päckchen von Dir an mit den vorzüglichen Honiglebkuchen, und nachdem wir gerade auf dem Marsch sind, ist so ein „Zubrot" gar nicht unangebracht! Also meinen herzlichsten Dank ! Es sind damit bis jetzt die nummerierten Päckchen alle eingetroffen, bei den vorigen 8, die z.T. zurückkamen, weiß ich nun auch, wieso sie mich nicht erreichten: Die sind wahrscheinlich schneller befördert worden als ich und ich war dann zu dieser Zeit noch gar nicht bei meiner Truppe, als sie eintrafen, worauf sie wieder zurückgegangen sind. Es konnte sich damals nur um einen bis zwei Tage handeln – Nun einen kleinen Bericht von Heraußen. Seit meinem letzten Brief an Dich liegen wiederum mehrere Angriffstage hinter uns, es scheint hier eine größere Operation zu beginnen, es geht zügig vorwärts und alles ist im Fluß. Aber gegenüber den doch ziemlich harten Kämpfen in der Schlacht bei Charkow, wie wir sie mitmachten, verblassen diese Tage und es ist nach unseren Begriffen „nichts los". - Nun, wir werden noch früh genug entsprechendes mitmachen müssen. Im „Reich" vom 7.6. sind auf der letzten Seite (wenn Du die Zeitung zur Verfügung hast und es Dich interessiert!) 5 sehr gute Lageskizzen. Wir sind da von Süden her angetreten (Alexandrowka) und lagen dann dort, wo am 25. u. 26.5. die Russen zum Donez durchbrechen wollten. Es ist auch eine Fotografie vom Schlachtfeld dabei, da möchte ich aber behaupten, daß es in unserem Abschnitt noch um Wesentliches furchtbarer ausgesehen hat. Ich fürchte Dich nun mit dem für Dich sicher uninteressanten militärischen Bericht gelangweilt zu haben, also etwas mehr persönlicher: Gesundheitlich bin ich wieder ausgezeichnet beisammen, nachdem ich fast 8 Tage lang das sogenannte „ukrainische Fieber" hatte, eine Krankheit die weiter nicht schlimm ist, nur ähnlich wie Grippe recht schlapp und müde macht und von der man nicht weiß, woher sie kommt. Sie tritt eben gerade in der Ukraine auf, bei der Bevölkerung und uns Soldaten und wird daher so benannt. Zum Glück lagen wir damals in einer verhältnismäßig ruhigen Stellung, denn ich war gerade der einzige Offizier in der Kompanie und konnte mich nicht ablösen lassen und zurückgehen. Erst die letzten 2 Tage wurde ich dann abgelöst und konnte mich mit Schwitzen schön ausheilen. Übrigens ist es eine alterfahrene Tatsache, daß in ruhigen Zeiten eine Menge Krankheiten ausbrechen und zum Vorschein kommen,

während dann im Bewegungskrieg und beim Marschieren
urplötzlich alle Krankheiten verschwinden. Das ist bereits zum
festen Wort geworden: Einen Tag Marsch – und ich bin wieder
gesund ! Da kann man sich dann total verschwitzt auf den
kalten Boden legen, im Regen herumstehen oder eine Nacht
lang bei Wind und Tau in einem kalten Erdloch liegen – es
macht nichts, man marschiert wieder weiter und bleibt eisern
gesund. Der Marsch ist tatsächlich ein Allheilmittel. Das Wetter
ist hier sehr komisch, wenn die Sonne scheint, und das ist die
meiste Zeit, ist es glühend heiß. Regnet es aber einmal einen
oder zwei Tage, was in den letzten Wochen leider öfters
passiert ist, dann wird es ekelhaft kalt, so wie man es bei uns im
Sommer nicht gewöhnt ist. Da bei wächst das Getreide und alle
sonstige Frucht in einem wahnsinnigen Tempo – es ist ja auch
der Sommer sehr kurz. Wald sah man am Donez endlich auch
wieder, sogar Nadelwald – für unsere Augen eine direkte
Erholung nach den weiten, endlosen Flächen, auf denen außer
der Frucht nur da und dort einmal ein paar Büsche zu sehen
waren. - So, nun viele herzliche Grüße und nochmal besten
Dank für Deine Sendungen, übrigens auch für die liebe
Antwortkarte, die vorgestern kam (mit Briefpapier bin ich
augenblicklich gerade gut gestellt, sonst ist Deine Ansicht
durchaus richtig!) Dein Neffe Gottfried.

2.7.42.

Meine Lieben!

Was gibt es Neues zu berichten? Nichts, denn wir liegen gemütlich in Ruhe, d.h. ganz so gemütlich ist es doch nicht, denn die Ausbildung setzt mit aller Wucht und den damit verbundenen Arbeiten ein, sowie nur einige Augenblicke Zeit sind. Es ist auch nötig um möglichst Verluste zu sparen. Wir bekommen hier wieder eine Menge Nachersatz, alles junge, prächtige, gesunde Burschen, nur leider sehr kurz ausgebildet und sie tun mir richtiggehend leid, denn dieses verrückte Rußland frißt unsere wunderbaren Kerle alle weg. Man tut zwar heuer alles um Menschen zu sparen mit einem nie gekannten Material- und Waffeneinsatz und indem man Überläufer und Gefangene einfach wieder bei der Truppe zu allen möglichen Diensten verwendet, aber in der vordersten Linie müssen eben doch wieder Deutsche stehen und da vor allem eben die jungen Burschen. Unsere Pflicht ist es ihnen die Ausbildung beizubringen, die Verluste verringern, und das ist bestimmt möglich. – Nun habe ich einige Bitten, die immer noch Sachen betreffen, die mir im Rucksack weggekommen sind: 1. Waschlappen (1), 2. ca. 8 Taschentücher (womöglich alte), 3. einen Geldbeutel, 5. ein normales, nicht zu großes 3teil. Besteck (vielleicht + kleinem Löffel). Wenn in nächster Zeit ein Paket „Verwundetensachen" ankommt, nicht erschrecken, nur so kann ich überflüssiges Gepäck abstoßen! Die Benachrichtigung, daß ich Eure sämtliche Post richtig erhielt, wird nun endlich in Euren Händen sein. Vorgestern erhielt ich

Mutters Brief vom 15.6. u. Vaters vom 16.6., die mich beide riesig freuten. Auf die Gedanken, die Vater entwickelt, muß ich eigens einmal antworten, augenblicklich bin ich zu wenig „beschwingt". An Euch alle recht liebe Grüße, wahrscheinlich werdet Ihr jetzt daheim wieder normale „Graben-stärke" haben! Wie immer Euer Gottfried. PS: Briefpapier z.Z. in Hülle u. Fülle!

5.7.42.

Hochverehrte Frau Gräfin!

Nach der langen Pause in meinen Briefen komme ich heute endlich wieder einmal dazu Frau Gräfin einen Bericht von meinen weiteren Erlebnissen zu geben. Voraus allerdings möchte ich ergebenst danken für die liebenswürdige Karte, die mir Frau Gräfin sandten. Post ist ja hier heraußen die angenehmste Überraschung, die von zuhause kommen kann. Damals lagen wir schon längere Zeit in einer verhältnismäßig ruhigen Stellung, was ich sehr begrüßte, denn ich hatte zu dieser Zeit das sogenannte „ukrainische Fieber", eine Krankheit ähnlich der Grippe, die beiden Zivilisten und leider auch bei uns Soldaten öfters auftritt und deren Ursache noch nicht recht bekannt ist, und konnte mich von der Stellung nicht ablösen lassen, da ich der einzige Offizier augenblicklich in der Kompanie war. Es heilte sich allerdings dann schnell aus, als ich nach einigen Tagen von einem wiedergenesenden Herren ersetzt wurde und mich mit Schwitzkuren behandelte. Es ist ja ganz allgemein so, daß in Stellung und Ruhe alle möglichen Krankheiten auftreten – man hat gewissermaßen Zeit zum Kranksein, während dann beim Marschieren und im Bewegungskrieg jedermann urplötzlich wieder gesund ist. Das Marschieren gilt bei uns regelrecht als Allheilmittel, angefangen von Magenbeschwerden bis zum Zahnweh. - Am 22.6. griffen wir weiter an, überschritten den Donez, in dessen Auen es endlich wieder schöne Wälder, sogar Nadelwälder gab – eine Augenweide nach der weiten, baumlosen Kultursteppe bisher. Es ging zügig vorwärts, es scheint die Moral der Russen doch schon etwas erschüttert zu sein und obwohl sie zwar noch ziemlich viel Artillerie haben, scheint es mir, wie wenn ihnen die Munition dazu fehlte. Eines ist auf alle Fälle sicher: Diese Gegner wie voriges Jahr sind sie nicht mehr! Nach 3 Tagen Angriff wurden wir herausgezogen und marschierten zurück in ein nettes Städtchen – für russische Begriffe nett. Hier haben wir nun Zeit uns neuerdings herzurichten und auszubilden. - Ich darf mir erlauben ergebenste Grüße an Frau Gräfin wie auch an das ganze liebe Murnau zu richten! Frau Gräfin dankbarster Gottfried Ettmayr.

12.7.42.

Liebe Tante Luise!

Dir gegenüber habe ich seit langem ein ausgesprochen
schlechtes Gewissen, nachdem ich Dir seit meinem Aufenthalt
in Rußland noch nie geschrieben habe. Und dieses schlechte
Gewissen ließ mich auch immer wieder auf eine bessere
Gelegenheit warten, bis ich endlich heute Deinen lieben Brief
bekam und nun mit dem gut brauchbaren Briefpapier auch die
Gelegenheit zum Schreiben am besten gegeben ist. Daß Du mit
Nachrichten über mich von den Eltern immer versorgt wurdest,
hoffe ich, und damit würde ich Dir auch nur alte Dinge
erzählen, wenn ich einen Bericht von meinen bisherigen
Erlebnissen gäbe. Augenblicklich ist es ja so, daß wir auch nicht
viel erleben, denn wir marschieren lediglich als Reserve immer
etliche Kilometer hinter der Front nach und merken vom Feind
nicht viel. Auch die feindliche Luftwaffe ist unserer weit
unterlegen und nur selten zu sehen, im Gegensatz zum vorigem
Jahr, wo wir kaum jemals von uns Flieger sahen, dagegen
Russen tagtäglich in entsprechenden Mengen. Ganz allgemein
scheint unsere Materialüberlegenheit genügend groß zu sein
um die Entscheidung wenigstens auf einem Flügel der Front,
und so wie die Operationen jetzt eingeleitet sind offensichtlich
auf dem Südflügel, zu erzwingen und damit dürften die
Sowjets dann nicht mehr allzuviele Schwierigkeiten machen

können, selbst wenn wir nochmal einen Winter heraußen sein müßten – der deutsche Landser hält das ohne weiteres aus und nimmt es sofort auf sich, und die Heimat darf eben nicht so unbegründet meckern. Die Urlauber bringen nämlich von zuhause mit, daß dort über alles geschimpft wird und man gar nicht zuversichtlich sei. Das ist hier ganz anders. Wenn man auch die Schwierigkeiten in allem sieht, man sieht aber auch unsere Gegenmaßnahmen und unsere Stärke. Freilich hat man daheim unter Fliegern zu leiden, wenig zu essen, viel Arbeit; aber wichtiger ist eben heuer, daß im Osten die Luftüberlegenheit vorhanden ist, für den Winter genug Vorräte bleiben (nächstes Jahr wird uns die Ukraine schon einiges helfen, heuer noch kaum allerdings), und wir genug Soldaten und viel Material heraußen haben. Wir dürfen da sehr zuversichtlich sein, die Erfolge an allen Fronten bis jetzt beweisen es, und bis dieser Brief angekommen ist, wird sicher wieder vieles erreicht sein. - Nun danke ich Dir recht herzlich für Deinen Brief und – nachdem Du nachfragst – erlaube ich mir um Cip, oder wie Zitronensäure für eine Limonade sonst noch heißt, zu bitten. Recht liebe Grüße bitte auch an Baronesse ausrichten zu wollen! Herzlichst! Deine Neffe Gottfried.

12.7.42.

Meine Lieben!

Heute kam der Urlauber zurück, der die Wäsche und die anderen brauchbaren Sachen (woher stammt die wunderbare Schokolade ?) für mich dabei hatte. Recht vielen Dank! Da muß ich natürlich endlich wieder einmal schreiben, es ist sowieso schon mehr als eine Woche, daß mein letzter Brief abgegangen ist. Ich habe aber bereits eine zugkräftige Ausrede für meine Schreibfaulheit (bekanntlich einen Batzen wert !), ich war nämlich diese Tage reichlich mies beisammen, Durchfall in ähnlicher Weise wie voriges Jahr, der mich bei den Märschen ziemlich mitgenommen hat. Seit einer Woche marschieren wir nämlich wieder, die Ruhe ist urplötzlich abgebrochen worden; ich muß sagen: Gottseidank waren wir nicht eingesetzt. Marschieren macht mir nämlich nicht viel aus, Füße habe ich ausgezeichnete, Fußbeschwerden kenne ich nicht. Unangenehm ist lediglich die unglaubliche Hitze und der entsprechende Staub, zum Baden kommt man leider nicht viel, es gibt ja wenig Wasser. - Eine volle Woche habe ich jetzt niemanden geschrieben, aber jetzt bin ich wieder ganz ordentlich beisammen. Es wird auch Zeit, denn nachdem die großen Operationen begonnen haben, wird man auch auf uns nicht mehr lange verzichten können und uns lediglich als Reserve hinterdrein marschieren lassen, obwohl heuer die Offensive mit einer offensichtlichen Materialüberlegenheit vor allem an Panzern und Flugzeugen (ganz im Gegensatz zu vorigem Jahr) begonnen wurde, hinten nach rollen noch unglaubliche

Reserven und die Urlauber erzählen, daß die Bahn ununterbrochen nachbefördert. Etwas anderes bringen die Urlauber allerdings auch noch mit: Daheim wäre eine miserable Stimmung, über alles und jedes würde gemeckert. Da muß ich schon sagen: „Wia hamma's denn nacha !" Wenn z.B. ein Münchener über das Dünnbier schimpft, dann soll er froh sein, daß es in München so gutes Wasser gibt, wir heraußen wären jedenfalls froh, wenn wir nicht nur dieses dreckige Naß hätten, von Bier sprechen sowieso nur die Fantasten. Und so weiter...! - Eine Bitte habe ich: Könnt Ihr mir einen grauen oder dunkelfarbenen, nicht roten, unauffälligen Schal schicken, bei dem Staub wäre er eine Erleichterung ? Betrift Geld: Es werden knapp 1000 RM auf dem Konto sein, diese droben lassen, was drüber hinausgeht, dafür mein Vorschlag: Als zusätzliche Abzahlung für die Hypothek hernehmen u. damit eine Zinsersparnis von 2%, Abrechnung nach dem Krieg. Es liefe auf vierteljhrl. gut 400 RM hinaus (2% = 2 RM = 8 RM im Jahr, haben oder nicht- 16.- usw...) Wenn Vater einverstanden, gleich beginnen, Blankoscheck im Bücherregal. Ein andermal mehr! Beste Grüße Euer Gopf!

Briefpapier z.Z. genügend!
Habt Ihr nicht den 50. Geb.tag am 27.6. von Onkel Paul
übersehen?
An Herrn Burr bitte besonderen Dank für die wertvolle
Zahnbürste!

21.7.42.

Liebe Tante!

Auf Deine vielen lieben Päckchen (10 kamen bis jetzt mit bestem Inhalt an!) und Deine Karten muß ich endlich wieder antworten. Im Augenblick marschieren wir als Reserve hinterdrein, anzukämpfen haben wir nur gegen feindlichen Staub und Hitze. Da konnte ich gerade die letzten 3 Kekspäckchen, die gleichzeitig ankamen, aber ich glaube zu verschiedenen Datum abgesandt wurden, ausgezeichnet brauchen, bei Hitze ißt man ja Süßes am liebsten. - Von Deinem Besuch in München las ich sehr erfreut, da war ja große „Versammlung"! Hast Du Dich auch gut erholt? Tt. Luise sah bereits im März, als ich sie das letztemal sah, gar nicht gut aus. Hoffentlich bekommt ihr der Aufenthalt in Gmund. Eine Bitte, liebe Tante: Schreibe auf Sendungen immer das Datum, dann kann ich Dir berichten, wie lange sie auf der Reise waren! Allerherzlichste Grüße von Deinem dankbaren Neffen Gottfried.

Tagebuch

22.7.42

Früh auf und wieder stehen wir eine volle Stunde umsonst, und dann machen wir noch einen Umweg von 3 km, der sofort einzusehen ist. Für mich einfach ein Saustall in Bezug auf Truppenfürsorge. Und gleich weiter: Im Vertrauen auf die vom Bataillon angesetzten Rasten geben wir keinen Kaffee am Morgen aus. Da sich aber das Batl. wiederum mit der km-Zahl gewaltig verrechnete, kommt keine Rast zustande und wir marschieren in der Gluthitze bis 10h Vormittags ohne jedes Frühstück. Es geht über den Donez in Richtung „S"; das Verlangen zu baden ist bei der Hitze unendlich gross, aber weiter. Am anderen Ufer ist wieder eine andere geologische Schicht, es sieht das Gestein ähnlich aus wie in unseren Kalkalpen. Viele Bergwerke gibt es ringsum, wir sind wieder im Donez-Industriegebiet.

23./24.7.42

Mein Magen macht Schwierigkeiten über Schwierigkeiten und heute habe ich mir noch dazu einen Dorn in meinen Fussballen getreten. Ich bin froh, dass es nicht weit geht. Das Quartier ist aber öde und um ein paar Kartoffel muss ich mit dem Krad mehrere km fahren, und 24.7. hier bleiben wir einen Ruhetag, nachdem die Strassen nicht frei sind, während das vorige Quartier ausgezeichnet war und vor allem wunderschöne Obstgärten hatte, wie es sie hier häufig gibt.

Im Felde, 24.7.42.

Meine Lieben!

Ihr werdet jedenfalls mit Spannung auf neue Kampferlebnisse von mir warten, ich kann aber nichts davon berichten, denn unsere Division zottelt ganz entgegen ihren sonstigen Gewohnheiten hinten nach, die einzige Berührung die wir mit Russen haben, sind außer der Bevölkerung nur versprengte Russen, die es allerdings ziemlich haufenweise gibt (mir scheint, die Kerle haben keine rechte Lust mehr zum Kriegführen). Für uns heißt es nur marschieren, fast tagtäglich marschieren in der Gluthitze des – ich werde bald sagen können – Schwarzmeersommers. Allzugroß ist jeweils die Marschleistung zwar nicht – über 45 km ging sie noch nicht hinaus – und ich bin schon anderes gewöhnt und tue mich trotz schwachem Magen ungemein leicht, vor allem gegenüber den jungen Nachersatz, dem einfach die harte Friedensausbildung fehlt und der trotz gutem Willen, sich weich zeigt und nun erst heraußen allmählich erzogen wird, - sie genügt aber für unsere Zugtiere, die bei den russischen Straßen einfach nicht mehr leisten können. Man mußte sie ja überhaupt bei unserem gesamten Troß umstellen und es ist jetzt allmählich soweit. Die neuen Kraftfahrzeuge sind viel höher gebaut – keine tiefe Straßenlage – damit sie nicht auf dem Dreck sofort aufsitzen, und haben Allradantrieb – soweit es nicht überhaupt die ausgezeichneten Rad-Ketten-Zwitterfahrzeuge sind, die als Zugmaschinen bei der Artillerie, Pak, Flak, und überhaupt überall verwendet werden und nie steckenbleiben. Die Bespannfahrzeuge sind alle leichter geworden, zumeist haben

wir erbeutete Heeresfahrzeuge der Sowjets, die kräftig, nicht zu
groß und leicht sind. Als Vorspann eignen sich nicht etwa die
schönen, schweren Kaltblüter wie in Frankreich, sondern
Panjepferde, die in Rußland großgeworden sind und – es ist
keine Redensart – den Dreck gewöhnt sind. Ein Beispiel: Bei der
letzten Ruhe bekam das Batl. ziemlich viel neue, schöne Pferde
von einem Pferdetransport aus Deutschland. Nach 10
Marschtagen fielen im Batl. 5 Pferde aus, sämtliche 5 waren von
den gutgenährten, schönen aus der Heimat, die abgetriebenen,
knochenmageren Panjegäule halten immer wieder durch –
übrigens, unsere Muli bewähren sich hier ebenfalls als
unverwüstlich und genügsam. Der Russe hatte im hiesigen
Gebiet sogar einen Teil der Straßen ausgebaut in einer
ordentlichen Linienführung, Fahrbreite (gutes Wetter
vorausgesetzt) und bei gutem Wetter glatten Decke. Er rechnete
dieses Gebiet, bevor wir ihn überrannten, anscheinend zu
seinem rückwärtigen Versorgungs- und Aufmarschgebiet und
hatte jedenfalls letztes Jahr mit seinen miserablen Straßen auch
schlechte Erfahrungen gemacht. Daß er hier ernstlich
verteidigen wollte, geht daraus hervor, daß er breite
Panzergräben, Stacheldraht, Feldstellungen noch und noch in
großer Tiefe angelegt hatte. Aber nach dem Vorstoß in Richtung
Woronesch hatte er berechtigte Angst bekommen von der Seite
mühelos aufgerollt zu werden und ist eiligst bis auf Nachhuten
in Richtung Kaukasus abgehaut. Nunmehr haben wir natürlich
begründete Hoffnung auch dorthin zu kommen und dann
hätten unsere Bergnägel an den Stiefeln wieder was
ordentliches unter den Füßen. Aber bis dorthin ist noch einiges
zu marschieren. Jetzt erst sieht man, was der Vorstoß auf

Woronesch für Bedeutung hatte, es eröffnen sich nach beiden
Seiten Möglichkeiten. In Bezug auf Ausrüstung täuschte mich
die Schlacht bei Charkow anscheinend. Dort haben die Russen
ihre besten Truppen ins Gefecht geworfen und diese waren
auch gut ausgerüstet. Jetzt sieht man vor allem an dem, was der
einzelne Mann hat oder vielmehr nicht hat, daß es nicht mehr
soweit her ist mit ihm. Artillerie zwar hat er noch immer
genügend in unserem Abschnitt, aber dasselbe Übel wie voriges
Jahr tritt heuer in weit verstärktem Maß auf: Es fehlt ihm fast
dauernd an Munition

25.7. (gestern Abend ist es zu dunkel geworden und außerdem
mußte ich mich doch einigermaßen früh hinlegen, heute war
115 Wecken, 245 Abmarsch. Mit diesem frühen Marschieren
kommen wir ein wenig der Hitze aus. Um ¾ 2h graut schon der
Morgen und ½ 3h ist heller Tag.) Wir marschierten hier in den
letzten Tagen im wichtigsten Industriegebiet der Sowjetunion
und sahen eine Menge Fabriken. Man darf sich dieses
Industriegebiet allerdings nicht so vorstellen, wie etwa unser
Ruhrgebiet mit seinen Städten, von denen ich mehrere von
meiner 4wöchigen Radtour 1936 her kenne, wo in jeder Straße
links und rechts diese oder jenes Werk steht, sondern mitten im
freien Feld steht ein Werk, ringsum ein paar Arbeiterhäuser
und dann wieder weite Felder. Will man das nächste Werk
sehen, muß man zumeist ein Fernglas zur Hand haben. Die
Fabriken sind übrigens fast alle ziemlich modern, z.T. erst im
Krieg gebaut oder noch im Bau. Gekämpft ist um sie kaum
irgendwo geworden, dafür sind sie aber umso gründlicher von
den Russen selbst gesprengt und zerstört worden. Der Schaden

ist allerdings gar nicht so groß für uns, denn bis auch die unzerstörten Werke wieder für uns gearbeitet hätten, auf unsere Fertigung umgestellt gewesen wären, hätte zu lange gedauert um unseren heurigen Vormarsch zu nützen. Lediglich natürlich die Konsumgüterindustrie hätte gleich produktiv arbeiten können und indirekt auch wieder unserer Kriegsführung genützt, diese war aber nicht so ausgedehnt. Auf die Art und Weise aber sind sämtliche Arbeitskräfte gezwungen sofort zur Landwirtschaft zurückzutreten und das ist uns fast wichtiger, denn um diese großen Gebiete bestellen und ernten zu können, braucht man eine Menge Leute und die waren nicht mehr da. Ich sah gerade im hiesigen Gebiet große Flächen nur mit Unkraut bewachsen (keine Kriegsauswirkung, die Russen haben sonst sehr schön bestellt, sie dachten eben tatsächlich, daß sie auch ernten könnten) und in den Dörfern immer einen Prozentsatz der Häuser leer, verfallen: Abwanderung seit mehreren Jahren in die Städte. Im letztjährig besetzten Gebiet ist es ja gelungen etwa 80% anzubauen, nach Erzählungen von Urlaubern, die mit der Eisenbahn durchfuhren. Trotzdem fürchte ich, daß es keine Entlastung unserer Ernährung bringt, da eben alles noch lange nicht so gut durchorganisiert ist und vor allem der Transport Schwierigkeiten macht. Außerdem wollen die Ukrainer auch ernährt sein. - Nun zu realeren Dingen: 1. Ist Vater aus meinem letzten Geschmier klug geworden und weiß, wie ich mir die Geldangelegenheit denke ? Zur Sicherheit nochmal: Gut 1000 RM müssten jetzt auf dem Konto sein (die Kontoauszüge gehen Euch doch zu ?), diese sollen zur raschen eventuellen Verfügung drauf bleiben. Alles, was drüber hinausgeht, soll zur

Abzahlung der Hypothek verwendet werden, in größeren, vielleicht zweimonatigen Beträgen abgehoben, Blankoschecks sind in meinem Bücherregal, Eltern-Schlafzimmer, Gertrud weiß Bescheid. Damit ist doch dann eine Menge Zins gespart, besser verzinsen könnte ich ja das Geld niemals (wie hoch ist der Zinssatz?). Über Rückzahlung bzw. Vergütung kann man sich nach dem Krieg unterhalten, wenn ich es einmal brauche. 2. Ich schicke die erste Päckchenmarke mit (Luftfeldpost auch, von heraußen sind 2 Termine im Monat, 7. u. 17. und es hätte augenblicklich keinen Sinn, abgesehen davon, daß der Brief zu schwer wäre) und bitte um folgendes a) eine etwas wärmere Unterhose bis zu den oder knapp unter die Knie, b) olivgrünes, französisches Militärhemd, robust (hatte ich schon beim Urlauber gemeint. Kann aber Popelinehemd ebenfalls gut brauchen, schicke wahrscheinlich das weiße zurück), c) graue Wadlstrümpfe, d) meine Aluminium-büchse in Nierenform! 3. Wie steht es mit der Gartenbestellung, Bergmütze, Schaftstiefeln, Haferlschuhen? - So, ich hoffe, daß Ihr Euch samt und sonders im Sommer gut erholt habt, ich werde es im Winter machen. Für Eure lieben Briefe, Karls Karte aus Murnau (brauchte unverständlich lange) recht vielen Dank! Wenn von mir die Briefe immer in so großen Zwischenräumen kommen, müßt Ihr eben an die Hitze und das Marschieren denken! Herzliche Grüße wie immer an alle im Haus Ettmayr aus weiter Ferne. Euer Gottfried.

Tagebuch

25.7.42

Eine kleine Unbedachtsamkeit im Essen am Abend lässt mich die ganze Nacht nicht schlafen, am Morgen habe ich Fieber und breche den ganzen Magen leer, ich bin ziemlich schwach beisammen und muss mich schon zusammenreissen zum Marschieren. Das erstemal esse ich an diesem Tage etwas in einem Hause, in dem ich mit Milch und Brot und Honig freundlich bedient werde, wie überhaupt hier nette und saubere Leute sind (für russische Verhältnisse). Hier ist auch ein junges Mädchen, das sogar für deutsche Begriffe auffallend nett ist, gute Figur einschliesslich Füssen, liebes Gesicht, blond und sauber angezogen und frisch im Aussehen. Ich marschiere bedächtig weiter. Ein gutes Quartier, sauberes Haus mit Holzboden und Decke, etwas Einrichtung, netten Leuten, die uns in jeder Weise bedienen, Essen nach Belieben, nimmt uns leider nur eine Nacht auf, früh geht's weiter.

26.7.42

Ein Marschtag wie immer: heiß. Doch mittags sind wir bereits im Quartier und zwar in einer Industriestadt mit Kohlenbergwerken, ganz neu aus dem Boden gestampft, jedes Wohnhaus, erst recht jedes Fabrikgebäude ist nur wenige Jahre alt: Nowo-Schachtinsk. In einem Heim mit Kinosaal, Turnhalle und schönem Garten finden wir Quartier. Mein Magen rebelliert in unglaublicher Weise.

26.7.42.

Hochverehrte gnädige Frau (nun endgültig!) !

Gnädige Frau sind, wie ich ganz richtig annahm, in Förmlichkeiten durchaus nicht kleinlich. Der herzliche Brief vom 17.6., der schon vor mehreren Tagen in meine Hände kam, bewies es mir. Wenn gnädige Frau mich „Friedel" nennen, dann ist mir das nur eine große Freude. Also vielen, herzlichen Dank für diese Zeilen, die mich auch über die große Entfernung hinweg noch ein wenig mit dem lieben Murnau verbinden! Nun erwarten gnädige Frau sicher, daß ich wieder einmal Kampferlebnisse berichte. Wir waren aber seit der letzten Ruhe, die allerdings sehr plötzlich abgebrochen wurde, noch immer nicht eingesetzt, sondern zotteln ganz entgegen den sonstigen Gewohnheiten unserer Division hinterher mit der einzigen Aufgabe zu marschieren, marschieren in der Gluthitze, die hier der Sommer mit sich bringt. Die Märsche werden zwar soweit möglich in die frühen Morgenstunden verlegt, um ½ 3h schon ist oft der Abmarsch. Der Morgen graut allerdings schon um ¾ 2h und ½ 3h ist voller Tag; wir sind eben soweit im Osten, daß auch unsere Sommerzeit noch nachhinkt. Die Sonnenauf- und -untergänge, wie allgemein der Himmel – ein herrlicher Sternenhimmel blinkt fast jede Nacht über uns – finde ich hier in Rußland schöner als bei uns, oder habe ich sie zuhause nicht recht beachtet? Wo wir in der letzten Zeit marschieren ist das dichteste Industriegebiet der Sowjetunion. Man darf sich das aber nicht etwa wie bei uns die Städte im Ruhrgebiet vorstellen, wo den Straßen entlang links und rechts Fabriken stehen, sondern mitten im weiten, freien feld steht ein Werk und aum das nächste Werk zu sehen, braucht man meist ein Fernglas. Aber der Raum spielt ja in Rußland keine Rolle. Diese Fabriken sind fast durchweg sehr modern, z.T. Erst im Kriege erbaut oder sogar noch im Bau, und stets gleich richtigen Ausmaßes. Rings um sind Arbeiterhäuser aufgestellt und so stehen diese Betriebe einzeln da, zusammenhanglos und störend in der Landschaft. Man sieht: mit Gewalt aus dem Boden gestampft. Obwohl in dem Gebiet nur wenig gekämpft wurde – die Sowjets fürchteten umfaßt zu werden und zogen es vor, das Feld zu räumen – sind die Werke trotzdem gründlich zerstört, geschranzt von den Russen selbst. Der Schaden ist für uns aber gar nicht so groß, denn so schnell könnten die Rüstungsindustrien doch nicht auf unsere Fertigung umgestellt werden, daß sie heuer noch unserem Vormarsch nützten. Lediglich natürlich die Konsumgüterindustrie, die aber gar nicht so bedeutend ist, könnte sofort nützlich arbeiten und damit indirekt unserer Kriegführung helfen. Auf die radikale Art aber wird eine Rückwanderung sämtlicher Arbeitskräfte auf das Land erzwungen und das ist uns beinahe noch wichtiger. Diese riesigen Felder wollen bestellt und abgeerntet sein und die Maschinen dazu, mit denen sie die Sowjets übrigens im großen und ganzen ordentlich bearbeiten, sind zum großen Teil zerstört. Aber genauso wie Waffen werden auch Landwirtschaftsmaschinen geliefert. Wenn die Ukraine keine wesentliche Entlastung in der Ernährungslage für die Heimat bringt (das Ostheer bezieht vieles) dann liegt es vorallem am Transport. - Ich gestatte mir Grüße an gnädige Frau zu senden! Mit ergebenstem Handkuß! Ihr Friedel.

Tagebuch

27./28.7.42

Anderntags früh ein Bild, das uns selbstverständlich allen Gesprächsstoff gibt: ein Transportregiment fährt vorbei. Es ist ausgezeichnet ausgerüstet mit lauter neuen LKW. Sonst ein Marschtag wie immer und auch der folgende: in Hitze und Staub. Eine Abwechslung bietet nur da und dort das Baden, wie hier. Ausgezeichnet ist das Essen, das die Feldküche jetzt immer liefert: frische Kartoffel, Gemüse.

29.7.42

Am folgenden Tag nähern wir uns Rostow, wir erreichen den

Ort Krym, wenige km davor. Ein schwarzer Menschentyp fällt uns auf, der das ganze Dort bewohnt. Armenier. Ihr Aussehen ähnelt den Juden, nur rassereiner, offener; sie machen nicht einmal einen schlechten Eindruck in ihrer Art. Die Häuser sind arg zerschossen noch vom vorigem Jahr, deutsches und russisches Gerät, verrostet, verbeult, liegt häufig herum. Wie viele deutsche Soldaten mögen hier irgendwo verscharrt sein?

30.7.42

Früh auf marschierten wir auf guten Strassen in die Vorstadt von Rostow; ein Mordsbetrieb herrscht, Nachschub, Nachschub, Nachschub, Nachschub. Reger Flugbetrieb über uns und auf einem Flugplatz vor Rostow. Villenviertel heisst sich ein ganz windiger Verhau von Wochenendhäuschen, in denen eine Menge Leute wohnen. Die deutschen Bomben, die 15 Tage lang ununterbrochen die ganze Stadt behämmerten, haben auch hier eine Menge Häuser zerstört. Unter uns fliesst der Don vorbei, breit und behäbig. Fischer richten ihre Boote her zum Fischen, Netze sind aufgespannt, es riecht nach Teer und Fischen, Wellen auf dem Don rauschen heran, ein dunkelgrauer Himmel, das alles täuscht den Meeresstarnd vor, ich fühle mich an die Zeit von Boulogne, an die Atlantikküste erinnert, es ist mir heimelig.

31.7.-2.8.42

Die Tage bringen vor allem Ruhe, wir beschaffen uns so gut wie möglich gutes Essen, aber die Gärten der Leute bieten nicht viel. In einer Aussprache mit dem Chef will ich ihm klar machen, dass die vielen „nicht zu Ende gedachten" Befehle nicht nur die Kompanie Verschlampen, sondern auch die Leute unnötig beschäftigen bis hinauf zu den Zugführern. Er ist nicht stur und ändert so gut als möglich. Die Stadt selbst bietet garnichts; wie wir sie am letzten Tag besichtigen sehen wir nur Trümmer, ausgebrannte Häuser, Schutt. Die öffentlichen Gebäude zeigen einen bombastischen, ich möchte sagen: neureichen Stil, viel Gips, zementverstrichen, billig, kitschig. Das Gorki-Theater ist das Prunkstück der Stadt, als eines der wenigen Gebäude nicht zerstört: gewaltsame Pracht. Marmor in den verschiedensten Farben, zum Teil sehr kitschig zusammengestellt, verkünstelte Wandleisten. Ledersessel, tiefe Plüschdiwane, Broncewandbilder. Aussen-architektonisch ist es ein unmögliches, hypermodernes Haus. Zur Revolution hetzende Wandreliefs finde ich in einem Theater grässlich.

31.7.42.

Liebe Lisl

überhaupt Gemüse, Raps, einfach alles gedeiht prächtig ohne jeden Dünger. Und die Viehwirtschaft ist auf den weiten Flächen ohne weiteres in die Höhe zu bringen: Möglichkeiten, die nur durch den schwierigen Abtransport der Erzeugnisse ihr Ziel haben. - Nun, freue Dich an der sicher prächtigen Sommerzeit am Bodensee ! Ein Rat: Je selbstständiger (lies: frecher) man gegenüber gewissen Herrschaften auftritt umso anständiger wird man behandelt. Recht herzliche Grüße über viele Kilometer von Deinem Bruder Gottfried.Im Augenblick kommt keinerlei Post nach und ich schiebe es darauf, daß ich von Dir keine Nachricht mehr erhalte. Aber wenn sie wieder richtig läuft, darf ich doch darauf hoffen, gelt? Wie es mir inzwischen heraußen gegangen ist, hast Du bestimmt von daheim näher erfahren, im Augenblick ist nicht viel los, wir marschieren geruhsam als Reserve hinterdrein und haben schon seit 4 Wochen keine Feindberührung mehr gehabt. Ist einmal auch ganz gemütlich, diesen geruhigen Krieg weiter hinten mitzumachen. Hier im Süden sieht man ja jetzt ein Ende des Krieges, der Russe haut in Richtung Kaukasus ab und wenn wir den überschreiten und in unserer Hand haben, muß es mit seinem Widerstand aus sein. Der Kaukasus wird allerdings noch eine harte Nuß werden, wollen sehen ! Das riesige Ackerbaugebiet der Ukraine ist jetzt insgesamt in unserer Hand, was eröffnen sich hier für Möglichkeiten ! Zunächst müssen wir bestrebt sein es zumindest notdürftig zu bestellen um damit eine Ernte zu erzielen, die wenigstens die Bevölkerung hier und zum Teil unsere Ostarmee ernährt. Die Schwierigkeit liegt dann weniger etwa in zu geringem Ernteertrag, sondern in der Transportmöglichkeit, die furchtbar schlecht ist: wenige schlechte Straßen, die noch dazu einen Teil der Jahreszeit nicht befahrbar sind, ein dünnes Eisenbahnnetz, kaum ausgebaute Wasserwege. Der Boden selbst gäbe auch bei schlechter Bearbeitung genug her um einen riesigen Getreideüberschuß zu erzielen, der ganz Europa versorgen könnte. Da laß einmal bis in ein paar Jahren deutsche Bewirtschaftung etwas herausholen! Getreide jeder Art, Kartoffel, Hanf, Lein, Sonnenblumen, Erbsen und überhaupt Gemüse, Raps, einfach alles gedeiht prächtig ohne jeden Dünger. Und die Viehwirtschaft ist auf den weiten Flächen ohne weiteres in die Höhe zu bringen: Möglichkeiten, die nur durch den schwierigen Abtransport der Erzeugnisse ihr Ziel haben. - Nun, freue Dich an der sicher prächtigen Sommerzeit am Bodensee ! Ein Rat: Je selbstständiger (lies: frecher) man gegenüber gewissen Herrschaften auftritt umso anständiger wird man behandelt. Recht herzliche Grüße über viele Kilometer von Deinem Bruder Gottfried.

1.8.42.

Liebe Mutter!

Gerade kamen die kleinen Päckchen vom 13.7. mit [?], Waschlappen, Lederfett – alles äußerst brauchbar. Man ist eben in allen diesen Kleinigkeiten immer wieder auf die „Zufuhr" von der Heimat angewiesen. Süßigkeiten gerade jetzt sehr angenehm, da wir dauernd marschieren und wir kaum Verpflegung nachbekommen, sondern „vom Lande leben" müssen, was einige Nachteile hat (aber deswegen hungern wir nicht etwa !). Das Wetter ist weiterhin für unseren Vormarsch ungemein günstig, bis auf wenige Gewitterregen, die nur hier und da etwas abkühlen und abstauben, schön und trocken. Wir humpeln immer noch hinten nach, sogar von der Front immer weiter weg; ich habe aber keine Angst, daß wir zum Kampf zu spät kämen, dort wo es wieder hart hergeht, wird man uns schon noch brauchen. Im übrigen habe ich mich jetzt in Rußland schon so gut eingewöhnt, daß es mir beinahe auch als Land gefällt. Rostow z.B. hat eine wunderbare Lage, nur ist es von deutschen Bomben total zerstört. Es war nämlich wie eine Festung ausgebaut und zum Straßenkampf hergerichtet, da ist es 15 Tage lang bombardiert worden und darauf ohne allzugroßen Widerstand gefallen. Schade um die Stadt, ich glaube kaum, daß man sie wieder aufbauen kann. - Als Gegenleistung für die Seifen, die Du mir ins Feld mitgabst, will ich Dir heute ein Versuchsstück der normalen russischen Kernseife schicken. Für hartes Wasser ist sie gar nicht schlecht. Nun vielen herzlichen Dank für Deine Packerln und liebe Grüße Dein Sohn Gottfried.

Tagebuch

3./4.8.42

Mitternachts rücken wir ab und kommen glatt über die Brücke und – was mir fast unglaublich erscheint – dann über Brücken, selbst kleinere, gibt es doch sonst endlose Wartereien. Und nun marschieren wir über den Don, die laue Nacht erfasst mich, ich träume dahin: über den Don. Als Kind hast du kaum gewusst, wo er ist, nur die Donkosaken waren Dir ein etwas unklarer Begriff, und nun marschierst du über ihn. Einen grossen Teil der weiten Strecke von der Heimat bis hierher haben dich deine Füsse selbst getragen! Bataisk ist anfangs nur ein schmutziges Dorf (Zentrum des Fleckfiebers) und erst am Ende zeigt es eine Menge moderne, typisch russische Fabriken. Nach fast 50 km kommen wir in einem verhältnismässig sauberen Kosakendorf unter. Die Mannschaft ist ziemlich erschöpft vom 4.8. Marschieren in der Gluthitze, nachdem wir die ganze Nacht hindurch marschiert waren. Aber der folgende Tag ist Ruhetag.

4.8.42.

Liebe Mutter!

Gerade habe ich an Gertrud einen Brief geschrieben und kaum war er zugepappt, kommen drei Briefe: von Dir, von ihr, von Vater, bei mir an und da sehe ich nun, daß Gertrud nicht in München ist, sondern in W'burg und anschließend nach Dresden fährt, also meine Bitte, mir meine Reithose zu schicken, nicht ausführen kann. Drum muß ich zu Dir kommen. Sende also bitte meine Reithose an Herrn H. Fraas, Augsburg X, Aspernstr. 39! Er ist Urlauber, der bis etwas 14.-16.8. wieder heraus fährt und sie mir mitnehmen würde. Sollte von O'Alting ein Lederbesatz eingetroffen sein, nicht mitschicken, habe hier einen! An Gertrud schickte ich zu gleicher Zeit eine 1 kg-Päckchenmarke, mit der sie mir die Hose schicken sollte, wenn sie leichter als 1 kg wäre. Sollte also 1. dieser Brief hier so spät eintreffen, daß Du die Hose nicht mehr bis 16.8. nach Augsburg schicken kannst, 2. die Hose leichter als 1 kg ist, mache den Brief an G. auf, entnimm die Marke, schicke den Brief offen an G. ! - Inzwischen wird auch mein Seifenpäckchen samt letzten Brief eingetroffen sein – Neues gibt es hier nicht. Für Deinen langen Brief herzlichen Dank, er enthielt viel Interessantes u. Nettes. Besonders erfreulich ist der Bericht über Eingemachtes, hoffe es bei Gelegenheit (wann ?) aus nützen zu können! Nun viele liebe Grüße an Betty, Frau Wagner und vor allem anderen an Dich! Dein Sohn Gottfried.

Tagebuch

5.8.42

Am Abend Film. Ein neu gekommener Offizier hat ein Radio dabei, mit Begeisterung höre ich Musik.

6.8.42

Und wieder marschieren; die Landschaft wird mehr und mehr zur Steppe, flach, unendlich heiß, wenige Ortschaften. Früh auf marschiert man weiter, man – ich bin diesmal nicht bei den Marschierern, denn ich fahre mit dem Krad voraus als Quartiermacher. Es staubt zwar furchtbar, aber es ist ein himmelweiter Unterschied zwischen den Anstrengungen des Marschierens und dem Ertragen von diesen paar Unannehmlichkeiten. Wir brausen dahin und fressen das weite Land in uns hinein und haben in der Frühe bereits die Tagesleistung hinter uns, wozu die marschierende Truppe den ganzen Tag braucht und erst abends bei Sonnenuntergang ankommt, wobei Wecken schon lange vor Hellwerden war. Verschwitzt, verstaubt, müde zum Umfallen, schlecht gestimmt, fluchend auf alles, was mit dem Marschieren zusammenhängt, kommt die Komp. an. Da sehe ich, der ich motorisiert vorausgefahren bin, welche psychische Belastung so ein Marschtag ist und dass es keine Truppe gibt, die nur annähernd soviel auszuhalten hat, wie die Infanterie.

7.8.42

Früh auf geht's weiter, mir ist sehr schlecht im Magen und ausserdem ist es so heiß und staubig, dass das Marschieren richtig zur Qual wird, ich hätte bald einen Sonnenstich bekommen, wenn es noch weit gegangen wäre und bin so erledigt, dass ich gar nicht mehr richtig liegen kann; erst gegen Abend habe ich mich soweit erholt, dass ich mich aufraffe zum Baden zu gehen und schwimme dann wundervoll in dem zwar dreckigen Weiher.

8.8.42

Früh auf geht's weiter, an einem Fluss liegt ein auffällig nettes Dorf, es wirkt mit seinen sauberen Häusern, Zäunen (eine Seltenheit in Russland), Blumengärten usw. direkt heimatlich. Wie immer liegt aber dort schon ein höherer Stab im Quartier, wir marschieren nach einer kurzen Rast weiter. Und da wird es so unglaublich heiß, kein Luftzug regt sich, dass es wirklich kaum zum Aushalten ist, auch nachdem wir den Rock ausgezogen haben, möchte man am liebsten aufschreien und sich hinwerfen, nur noch der Wille hält uns zusammen. Mehrere Leute fallen mit Hitzschlag um, der wahnsinnige Staub tut sein übriges. Am Quartierort weiss ich garnicht, wie ich mich hinlegen soll, so müde bin ich. Ein Hochgenuss ist ein eiskaltes Bad in einer kleinen Wanne.

9.8.42

Die Nacht ist kurz, früh auf geht's weiter, wir kommen bis zur Hitze nach Tichorjezkaja und machen dort in wunderbaren Obstgärten Mittagsrast, bis die größte Hitze vorbei ist. Wir sehen, wie reich an Obst und Früchten das ganze Land sein könnte bei fleissiger Bebauung. Abends erreichen wir den Quartierort mit einem kleinen See, ein Aprokosenkompott aus wundervollen Früchten schmeckt auch mir mit meiner Appetitlosigkeit ausgezeichnet.

10.8.42

Früh auf geht's weiter, man führt uns wieder einmal ein wenig spazieren, unsere Wegerkunder scheinen umsonst voraus zu sein. Bei grosser Hitze halten wir an einem See (oder vielmehr Dreckweiher) und baden, schwimmen, tauchen – einfach herrlich. Durch grossen Staub kommen wir an den Quartierort, der uns nicht nur einen kleinen Weiher bietet sondern auch Honig, Milch, Butter, Mehl, Früchte. Ich veranstaltete ein Abendessen mit den Offizieren mit Semmelschmarren und Schnaps. Und wie wir gemütlich beieinander sitzen, gibt der Chef bekannt, dass das Reg. über einen Elbruspass geht. Nach 3 Jahren Herumlatschen im Flachland sollen wir auch einmal Gebirgsjäger sein! Eine ehrliche Freude, eine Begeisterung packt uns alle, Möglichkeiten werden erwogen, Vorbereitungen ausgedacht, neue Tatkraft erfüllt uns.

10./11.8.42

Der Marsch fällt mir schwer, es ist wiederum heiß und unglaublich staubig. Während wir den ganzen Tag über an einem Fluss entlang marschieren, ist natürlich am Quartierort kein Wasser, die Feldküche muss 7 km einfach fahren bis zu einem Brunnen. Und hier ist Ruhetag!

12.8.42

Nichts gibt's zu essen, kein Obst, nicht mal Kartoffel. Aber wir sollen verladen werden bis Tscherkesk und von dort die Überschreitung unternehmen.

13./14.8.42

Wir aber marschieren eisern weiter, 50 km in Hitze und Staub, nur das II.Batl. ist verladen und überholt uns staubaufwirbelnd. Ich leide unter grenzenloser Appetitlosigkeit, dadurch komme ich am ganzen Körper so herunter, dass meine altgewohnte Marschtüchtigkeit sehr, sehr nachlässt und auch wie ich als Quartiermacher vorausgefahren bin, immer noch unendlich schlapp und müde bin. Es ist eben subtropische Hitze, die entsprechend schlapp macht und als Münchner bin ich ein wesentlich kälteres Klima auch im Sommer gewöhnt. In diesem Gebiet wohnen Kubankosaken; Bilder an der Wand, auf denen sie sich in stolzer Uniform fotografieren liessen, beweisen ihren Stolz darauf. Ihre Häuser aber sind innen und aussen furchtbar dreckig.

15.8.42

Früh auf geht's weiter.

15.8.42.

Liebe Mutter!

Mir wird es allmählich langweilig immer wieder schreiben zu müssen, daß wir hintennachmarschieren. Es wird aber jetzt wirklich nicht mehr lange dauern, dann ist endgültig unsere Zeit gekommen. Wenn auch der Wehrmachtsbericht schon von Kämpfen berichtet, bei denen Ihr daheim mich vermuten werdet, so bin ich bis jetzt noch nicht dabei; es sind aber dort auch bis jetzt die Kämpfe noch nicht so hart als sie geschildert werden. - Nun, beim Marsch wird die Hitze fast unerträglich, sie steigerte sich in den letzten Tagen zum subtropischen Klima – uns völlig ungewohnt. Auch der Staub hat bei der Trockenheit Formen angenommen, die nicht mehr übertroffen werden können. Die Hoffnung haben wir aber, daß es nicht mehr lange so dauert. Wenn von mir wenig Post kommt, mußt Du schon entschuldigen, aber die Hitze entzieht einem jede Energie, und sich nach dem Tagesmarsch zu einem Brief aufraffen braucht Energie. Bei mir ist dafür die Päckchenzufuhr umso reichlicher, außer von daheim schicken vor allem Tt. Paula, Inge u.a. häufig. Da habe ich heute nun eine Bitte (wie stets!): Für den Verlust des Gepäcks bekam ich diese Bezugsscheine (+ Geld), sie können nur in der Heereskleiderkasse Berlin, neben Aquarium eingelöst werden, könnte das Gretl Gringmuth machen? Ich bitte sie vielmals drum! Genaue Anweisung und Berechtigungsschein liegt bei. Nun schicke ich recht viele liebe Grüße Dir und allen anderen, die bereits wieder daheim sind! Dein Sohn Gottfried.

15.8.42.

Meine liebe Gertrud!

Da habe ich das letztemal kaum meinen Brief mit der Bitte um Zusendung der Hose eingeworfen gehabt, ist Deiner angekommen aus W'burg. Also der hat mich schon ganz sakrisch gefreut, wo doch auch drinsteht von Eurem 2., ein fetter Bua soll's werden (a herzig's Dirndl is a net zwider!) Du bestätigst nochmal ausführlich, daß es in Murnau einigermaßen auszuhalten war; inzwischen schreibt mir auch Karl, daß es ihm dort wirklich gefallen hat – mich soll's freuen! Daß es in Gasthäusern nicht mehr angenehm zu essen ist, glaub ich gern; ich kenn's bereits von Berlin her. Drum war ich im Urlaub auch viel lieber daheim oder aber in W'burg als irgendwo auch am schönsten Ort. Diesen Winter wird sich die Ernährung bestimmt nicht bessern, außer es ist zuhause eine besonders gute Ernte; denn die Ukraine kann einfach deswegen keine Entlastung bringen, weil es an Transportmöglichkeiten fehlt. Die Bahn ist voll und ganz vom Militär belegt. Uns heraußen liefert sie ja ziemlich was. Wenn aber heuer im Süden der Krieg zu Ende wird, ist die Bahn entlastet und bis nächstes Jahr wird auch schon das Land gut bestellt und die Ablieferungen entsprechend organisiert sein, sodaß wir Nutzen daraus ziehen. - Von mir kann ich wieder einmal nicht viel berichten, wir marschieren, marschieren. Jetzt muß es naturgegeben aber bald aufhören und wir sollen dann nicht umsonst Gebirgsjäger heißen; Teile der Div. sind bereits wieder am Feind. Du schreibst von einem beisammensitzen im Oktober – das wird nur ein Traum werden, da habe ich mich schon auf längere Zeiten eingerichtet. Aber dann werde ich Irmi bestaunen können, Deinen Beschreibungen nach muß sie sich ja prächtig entwickelt haben! An sie und Dich ein liebes Busserl! Euer beider Gopf.

Tagebuch

16.8.42

Es geht heute wie morgen nicht weit und etwas belebt nun unseren Marsch: Berge, Berge, wenn auch nicht hoch, so geben sie doch der Landschaft ein anderes Bild.

16.8.42.

Liebe Mutter!

Gestern erst schrieb ich einen Brief nach Hause, vergaß aber verschiedenes. 1. wollte ich um einen Kamm bitten, einen Taschen-kamm, wenn ein solcher bzw. überhaupt einer aufzutreiben ist, 2. schicke ich den von Vater zurückgewünschten Brief mit, 3. eine Luftpostmarke, die ich gestern abend bekam, 4. interessehalber einen Zeitungsausschnitt, bei dem ein Mann von mir gleich ausgerufen hat: „Das ist ja gar net elend!" Und tatsächlich, in dieser Küche gibt es Tisch, Stuhl (sehr selten), Teller (noch seltener!) und so besonders dreckig sieht's auch nicht aus, im Gegenteil, es ist gut aufgeräumt. Der Dreck, wie er hier manchmal in den Häusern herrscht, ist unbeschreiblich. - Für Deine Bemühungen um den Kamm (hoffentlich erfolgreich!) im Voraus besten Dank! Herzliche Grüße Dein Gottfried.

Tagebuch

17.8.42

Wir stellen ab heute sogar Panjewagen ein, um Mannschaften zu transportieren. Wir erreichen das Kubantal, es bietet uns endlich wieder Wald und Wasser. Wir ziehen einen Weg dahin, der durch die Auen führt, ich komme mir vor wie bei einem Gang an der Isar. Abends nimmt uns ein freundliches Dorf auf. Ich soll noch wegfahren, um Obst zu requirieren, fahre mit dem Krad auf einer Paßstraße, die schön angelegt über einen Sattel von 900 m führt und wunderbaren Ausblick ins Tal bietet. Ich bin geradezu berauscht. Am Abend sitzen wir noch beisammen bei einer Flasche Bier, die ein Urlauber mitbrachte. Wir sollen nun doch verladen werden und zwar mit der Bahn nach Südosten, um einem Panzerkorps in Richtung Ordschonikidse vorwärts zu helfen und unter Umständen die Grusinische Heerstrasse zu öffnen. Wir marschieren erst mittags weg und kommen nachmittags am Bahnhof an: es wird aber abends erst Stab und 2 Komp. verladen, wir müssen warten bis morgen Nacht.

18.8.42

Die Lokomotiven fahren hier mit Öl, wir sind im Ölgebiet. Das veranlasst uns zu Betrachtungen über den Krieg gegen Russland, dessen Unerschöpflichkeit, dessen Reichtum. Wir wissen nicht, über was man in disem Land mehr staunen soll, über den Reichtum oder die Armut des Landes.

19.8.42

Wir laden ein in der Dunkelheit, ich bin Verladeoffizier und

beherrsche die Sache wesentlich besser als damals in Murnau,
es geht reibungslos und schnell.

20.8.42

Um Mitternacht fahren wir ab und sind 2 Stunden später bereits
90 km gefahren. Im Morgengrauen laden wir rasch aus, wir
sind schon bei den ersten Vorbergen und wie kurz die Wolken
aufreissen, ist ein Schneeberg zu sehen, leider verdecken
Wolken gleich wieder den Ausblick, es regnet. Dieser Regen
verschiebt auch unsere Verladung auf die LKW, die durch den
Schlamm aufgehalten sind.

21.8.42

Wir beziehen Quartier in kleinen, dreckigen Häusern, bis am
nächsten Morgen die Autos kommen, wir verladen und in
schöner Fahrt nach Pjatigorsk kommen. Eine herrlich zwischen
Bergen gelegene Stadt, saubere Strassen, die verschiedensten
Rassen an Menschen. Reiche Obstgärten geben uns alle Sorten
von gutem Obst, ein Markt bietet Obst, gemüse, Eier, Fische,
Läden sind geöffnet, die Strassenbahn fährt, ein Schwefelbad
hat weiterhin Betrieb, Theater, Kino, alles läuft weiter. - auch
wir müssen weiter, wir fahren sofort auf einer guten Teerstraße
noch 35 km nach Malka. Dort sitzen wir im Regen, suchen uns
Quartier in den kleinen Häusern und warten auf den Rest
unserer Autos, die Tross und Pferde droben haben. Sie kommen

nicht mehr. Die Leute sind zum grossen Teil Schafhirten, es gibt Wolle in Menge in einem Lagerhaus. Die Männer tragen grosse Hirtenhüte aus Schaffilz und Bundschuhe. Mich erinnern sie an die Hirten in unserem Kripperl daheim, die genau so angezogen sind. Abends muss ich wieder zurück über die zerstörte Brücke, um die restliche Komp. abzufangen. Es regnet und regnet, ich suche mit meinen 2 Mann in stockdunkler Nacht Unterkunft in einem kleinen Haus, das ein keifendes Weib öffnet.

22.8.42

Und auch dieses Drecknest muss ich die ganze Nacht gegen Rumänen, die ebenfalls im Regen Quartier suchen, verteidigen. Am Morgen endlich treffen unsere Autos in grossen Abständen nunmehr mit der Feldküche und allem Dran ein, sie hatten verschiedentlich Unfälle. Und dann trifft plötzlich der Abmarsch- und Einsatzbefehl ein; in einer Hetze machen wir uns fertig, im Regen marschieren wir ab, nachdem verschiedene Widerstände zu überwinden waren (unser Wagen war vom Auto gestürzt, die Tragtiere mussten verteilt werden usw. usw.).

23.8.42

Im Nachtmarsch erreichen wir die Front, man braucht uns aber noch nicht und wir liegen den ganzen Tag an einem Hang. Es reissen einmal kurz die Wolken auf, da gibt es einen herrlichen Ausblick auf die Schneeberge. Die Feldküche teilt einen wunderbaren Rotwein aus, der von Pjatigorsk stammt.

24.8.42

Auch am nächsten Tag liegen wir bis abends herum, um dann bei Regen und stockdunkler Nacht über die oft zerschossene und von den Rumänen schlecht hergestellte und nur mit einem ganz kleinen Brückenkopf gehaltene Brücke über den Baksan, einen reissenden Bergfluss, der vom Regen geschwollen ist, zu gehen. Gleich drüberhalb nehmen wir die Bereitstellung ein für den Angriff auf einen Sattel, der einige hundert Meter über uns liegt.

25.8.42

Es regnet schauerlich, die Rumänen veranstalten eine wilde Schiesserei, - der Tanz beginnt! Nach einer Meldung einer vorausgeschickten Gruppe ist auf dem Sattel kein Feind und wir schleichen uns im Dunkeln und im endlosen Regen durch Maisfelder bergauf. Oben am Gipfel gibt es eine wilde Schiesserei. Die Russen sind noch mit einigen MG da, haben links und rechts eine Ratsch-Bum, die im direkten Beschuss heraufzünden und wir haben uns gegen ihre Gegenstösse verdammt zu wehren. Der Regen hält bis abends an und lässt buchstäblich keinen trockenen Faden am Leib, wir frieren elendiglich. Essen kommt natürlich auch keines nach, selbst haben wir nichts dabei. Erst gegen Abend verziehen sich die Wolken für kurze Zeit, wir versuchen unsere Sachen zu trocknen soweit möglich. Der Russe ist im allgemeinen abgehauen und stört nur noch da und dort. Wir beziehen Stellung für die Nacht und da kommt endlich auch die Verpflegung, wie immer ausgezeichnet von unserer Feldküche gekocht.

26.8.42

Die Nacht verläuft ruhig, aber es dämmert noch nicht, da sind Russen wieder ganz nahe auf wenige Meter da und mit MG und Handgranaten bringen sie uns einige Verwundete bei, aber in unsere Stellung kommen sie nicht herein; mit Gewehr, MG, Granatwerfer wehren wir uns unserer Haut. Mit Schützenfeuer und Ratsch-Bum belästigen sie uns den ganzen Tag, wir geben ihnen aber zumindest das Schützenfeuer zurück. Eine ausgezeichnete Verpflegung hebt unsere Stimmung abends um Vieles, wenn auch die sonstigen Nachrichten nicht gerade günstig sind. Die Russen haben sich verstärkt und planen jedenfalls einen Angriff, die Rumänen bringen und bringen keine Artillerie her, der Brückenkopf ist in Gefahr, von beiden Seiten eingedrückt zu werden. Ein Befehl bringt die Nachricht von einem bevor stehenden Angriff der Russen, wir müssen uns vollständig marsch- und gefechtsbereit in unsere Löcher legen. Und es regnet wieder und wieder.

27.8.42

Nach Mitternacht kommt der Befehl zum Abrücken, wir ziehen uns ins Tal zurück und überlassen den Russen wieder das viel umkämpfte Köpfl, nur 2 Züge bleiben droben um dieses gegen leichtere Angriffe noch zu halten. Die Russen nämlich drücken so stark auf den Brückenkopf, dass ihnen die Rumänen kaum halten werden und wir dann abgeschnitten droben säßen. Wie wir in Dunkelheit und Regen und Nebel abziehen, beginnt nochmal eine wilde Schiesserei, gerade bei meinem Zug, der Russe hat es scheinbar gemerkt. Wir müssen nochmal etwas bleiben und das Feuer aufnehmen. Bis wir dann am Komp.-Gefechtsstand sind, wo wir sammeln sollen, ist kein Mensch mehr da, niemand weiss etwas Genaues, niemand weiss den Weg, auf gut Glück gehe ich voran und führe den Zug ins Tal, stundenweit durch Regen und glitschige Nässe. Mein Kompass funktioniert in der Feuchtigkeit nicht recht, nur nach dem Gefühl suche ich den Weg und finde gerade richtig ins Dorf, wo wir Auskunft beim Batl. bekommen und dann eine Brückenkopfstellung beziehen, die aber äusserst dünn ist, im Nebel und bei Nacht kaum zu halten. Im Dorf gibt es saubere Häuser, nette und freundliche Leute, viel Obst, Milch und Eier. Die Leute sind hauptsächlich Hirten, in ihren Häusern haben sie noch offene Feuerstellen und primitivste Einrichtungen, aber sauber. Es sind Mohammedaner, Gebetsteppiche hängen an der Wand. Echte Wollsachen (Wollfilzhüte, Schafpelzmäntel, Filzstiefel, dicke Wollsocken, Wolldecken) lassen den

Schafreichtum erkennen. Freundlich bieten sie uns selbst Milch, Eier und Ähnliches an. Als ich einem alten Vater auf seine schönen Wollsocken zeige, will er sie sofort ausziehen und mir schenken.

28.8.42

Die Nacht verläuft bei uns ruhig, dagegen im linken Teil des Brückenkopfes scheinen die Russen Boden gewonnen zu haben. Aber wir können immer noch ruhig liegen bleiben. Und nachmittags erscheinen unangenehmerweise die Russen rechts hinter uns auf der anderen Seite des Brückenkopfes. Eine Sicherung von uns ist dort nicht zu sehen und ich habe ein etwas kaltes Gefühl, da kommen sie ja ohne weiteres zur Brücke! Ich mache Meldung über Meldung an die Komp., dass der Feind die anliegende Ortschaft besetzt und auch auf der Höhe weiter vorstösst, aber es wird nichts unternommen.

29.8.42

Nachts lösen uns die Rumänen ab, es gibt eine unangenehme Schiesserei gerade zu diesem Zeitpunkt, aber dann rücken wir doch ab in die Ortschaft, wenn auch mit dem Vorbehalt, eine Sicherung stellen zu müssen, denn auf die Rumänen ist doch kein Verlass. Und siehe da, wir haben die Sicherung noch kaum aufgestellt und es ist inzwischen schon heller Tag geworden – da sehe ich auf der anderen Flusseite einen russischen

Spähtrupp von ca. 30 Mann mit sMG ganz russisch vorgehen, schon weit in unserem Rücken. Wir machen uns gleich mit zwei Gruppen fertig – von Ruhe ist am heutigen Ruhetag nichts zu spüren – und stossen ihnen auf der hiesigen Uferseite nach und können sie an einer schmalen Stelle wunderbar beschiessen, es wird ein richtiges Gefechtsschiessen. Wir erledigen sie zum grossen Teil und kommen dann endlich ins Quartier und zur Ruhe. Waschen, Waffenreinigen, ein Brief und schon ist es Abend, Zugführerbesprechung, der Angriffsplan für morgen.

29.8.42.

Meine Lieben!

Nun ist es nach langen Wochen endlich wieder soweit gekommen, daß wir eingesetzt werden. Ich fühlte mich schon bald nicht mehr als Soldat, soweit hinten (richtiggehend bei der Bagage) waren wir ständig. Jetzt aber braucht man uns dringender denn je, hier in den Bergen kann man halt doch mit uns am meisten anfangen. Mit unseren Bergen daheim kann man diese hier nicht recht vergleichen, denn sie haben unten keinen Wald, sondern nur teilweise Buschwerk, aber die Schneeberge dahinter sind prächtig, nach dem eintönigen Flachland eine Augenweide. Die Bevölkerung ist übrigens hier auch viel sauberer, hat einigermaßen ordentliche Häuser (die

Lehmhütten des Flachlandes würde der viele Regen, den es ähnlich wie bei uns gibt und nicht gerade angenehm ist, fortschwemmen) und eine Kleidung, wie unsere Hirten im Kripperl: Weite Filzhüte, halblange Röcke, Filzstiefel. Es sind ja auch zum großen Teil Hirten und Wolle gibt es hier genug. In ihren Häusern haben sie noch offene Feuerstellen, wie Ihr Euch wahrscheinlich überhaupt von der Primitivität der Einrichtung keine Vorstellung machen könnt. Trotzdem kann man sich hier wohler fühlen, es ist wie gesagt ganz sauber und die Leute sind geradezu zuvorkommend, bieten Milch und Obst an (beides in Massen vorhanden, vor allem ausgezeichnete Äpfel und Zwetschgen). Sie sind bereits Mohamedaner und man muß etwas obacht geben sie in ihren Bräuchen nicht zu stören, darf also z.B. nicht ihre Gebetsteppiche von der Wand nehmen um drauf zu schlafen. - Ich bin gesundheitlich wieder ganz beisammen, seit jetzt die subtropische Hitze aufgehört hat und wir in anderer Luft leben. Und auch sollt Ihr diesmal mit Belästigungen aller Art verschont sein, nachdem ich das Letztemal für Gertrud einen netten Wunschzettel hatte. Wenn nun nicht so oft Post kommt, dann ist es keine Schreibfaulheit, sondern wirklich wenig Zeit. Ich selbst bekam jetzt bereits 3 Wochen keinerlei Post mehr; was wird da denn auf einmal antrudeln! Viele herzliche und liebe Grüße Euer aller Gottfried.

Tagebuch

30.8.42

Wir können die Nacht noch zum Schlafen ausnützen, am frühen Morgen rücken wir einen weiten Weg über die Brücke zurück und auf der Höhe vorher sind bereits besetzt und es muss ein Angriff auf sie angesetzt werden. Es geht unendlich zäh vorwärts, wir haben auch keine Artillerie-Unterstützung dabei, obwohl dem Batl. 4 Batterien zugeteilt sind, aber die verschiedenen VB bemühen sich nicht hierher, sondern warten nur an einer günstigen Stelle bequem, wo sie in die Ortschaft sehen, darauf, dass wir in die Ortschaft stossen. Damit wird es heute nichts mehr werden, bis Abend haben wir gerade die Höhen besetzt, es regnet in Strömen, wir werden durch und durch nass in unserem dreckigen Erdloch. Erst abends holen wir uns noch Heu und machen es uns mit russischen Beute-Zeltbahnen gemütlich. Leider gibt es nur sehr wenig zu essen und noch weniger zu trinken, obwohl wir den ganzen Tag in einer schwülen Hitze herumgelaufen sind.

31.8.42

Und dann schlafe ich aber doch köstlich bis zum Morgen in altgewohnter Weise im Erdloch. Der Morgen bringt den neuen Angriff auf die Stellungen, die die Russen in der Nacht unter uns geschanzt haben. Diesmal klappt es mit der Art.-Unterstützung und wir greifen auf die eingeschanzten Kerle an, die aber nicht um alles aus ihren Löchern herausgehen. Einen endlosen Abhang müssen wir hinunterspringen und da werden mehrere verwundet. Und diese Kerle gehen nicht aus dem Loch heraus, nicht um alles. Auf 3 Meter müssen wir heran und sie herausschiessen. Da sehen wir auch einmal wieder ganz deutlich, dass alle schweren Waffen zusammen einem eingeschanzten Gegner nichts anhaben können, ringsum sind unzählige Einschläge von Nebelwerfern, Granatwerfern, I.G., aber durch sie ist kein Russe auch nur verletzt worden; das Tödlichste ist und bleibt der Karabinerschuss, der gut gezielte, wie wir es stets auch am eigenen Leib erfahren müssen. Und dann geht es endlich hinunter und ins Dorf hinein, in dem nun niemand mehr ist, die letzten Russen sehen wir gerade noch entwischen. Aber uns empfängt das sauberste russische Dorf, das ich bis jetzt sah, und die entgegenkommendsten Bewohner, es sind Kabardinen, die uns mit Freuden kommen sehen und deren Frauen uns Eier, Milch, Obst und Ähnliches entgegenbringen. Langsam durchstreifen wir die Ortschaft und überall lacht uns Obst, schönes reifes Obst, und freundliche Leute mit lange entbehrten Genüssen entgegen. Ein wenig sind wir entschädigt für unseren harten Kampf. Die Ortschaft will kein Ende haben, da müssen wir einfach Halt machen und uns eine Verteidigungslinie aussuchen, die freilich äusserst unsicher ist und mir ist absolut nicht wohl zumute, in dem unübersichtlichen Gelände da und dort ein kleines Häuflein von mir versprengt zu haben. In dem Haus, in dem wir uns für die Nacht einrichten, sind wir freundlich aufgenommen, man brät uns eigens Hühner mit Kartoffelgemüse, das freilich so scharf mit Paprika gwürzt ist, dass wir es kaum essen können. Die Leute haben überall die grossen Messingpfannen als Waschbecken und kleine Karaffen aus Kupfer, verzinnt, mit denen sie dann wenig Wasser über die Finger giessen. Sie staunen, als wir uns mit richtig viel Wasser waschen und ausziehen dabei. Sonst sieht man in den Häusern einigen Wohlstand, ordentliche Möbel, Besteck, Geschirr, Wolldecken, wie überhaupt viele Wollsachen. In der Stock-dunkelheit gehe ich die Wachen ab, mir ist einfach nicht wohl in diesem Häuser- und Gartengewirr. Da kommt auch schon der Befehl, dass noch in dieser Nacht der Ort wieder geräumt wird. Es regnet in Strömen, kein Essen kommt vor, die Melder brauchen unendlich lange zu mir, weil ich am weitesten vorn liege und der Komp.-Chef sich in seiner bequemen Art, die mir allmählich an ihm unerträglich wird, ganz weit zurücklegte. Die Funkverbindung ist ebenfalls nicht herzustellen wegen der grossen Entfernung. Ich habe eine grosse Wut und – ich gestehe es ganz ruhig ein – Angst, regelrechte Angst, denn wenn der Russe auch nur mit wenigen Leuten etwas unternimmt, bin ich hier vorn mit meinem Zug restlos aufgeschmissen.

1.9.42

Endlich ist es Zeit zum Abrücken, wir marschieren im Regen zurück und bekommen einen heissen Kaffee, der uns an Leib und Seele auffrischt. Dann geht es in der Dunkelheit weiter zurück und die Berge wieder hinauf, die wir mühsam heruntergekämpft hatten. Eine miesere Stimmung könnte ganz allgemein nicht sein.

2.9.42

Im Morgengrauen schanzen wir uns ein, der Tag bringt dann endlich Ruhe und Post, Post nach langer Zeit.

Im Felde, 2.9.42.

Hochverehrte gnädige Frau!

Nachdem ich mehr als drei Wochen keinerlei Post mehr bekam - wir sind ja auch schon bald am anderen Ende der Welt und ich will gar nicht nachrechnen, wieviele Kilometer bis zu unserem netten Murnau sind - aber dafür ist heute eine ganze Menge eingetrudelt, darunter wieder ein so herzlicher Brief von gnädiger Frau. Meinen herzlichsten Dank! Er erinnert mich, daß es Zeit für eine Nachricht wird und gibt mir auch den entsprechenden Schwung und Auftrieb dazu. Gnädige Frau werden jedenfalls erschreckt sein über das zerknitterte, durchgeweichte Briefpapier. Wir machten nämlich einige Tage Gebirgskrieg mit bei einem ausgesprochen schlechtem Wetter (Regen wie bei uns) und dabei sind meine ganzen schönen Briefpapier-reserven naß geworden. Unser ewig langes Marschieren von 7 Wochen und weit über 1000 km hatte vor etwa 12 Tagen ein sehr plötzliches Ende, wir wurden sehr schnell eingesetzt, da wir im Gebirge eben doch am meisten ausrichten können. Leider hat uns der lange Flachlandkrieg manches berglerische verlernen lassen und unsere Ausrüstung ist auch nicht mehr so auf die Berge eingestellt. Das Wetter ist hier nicht mehr ewig sonnig-glühendheiß, wie noch vor wenigen Tagen im Flachland, sondern genau so wie bei uns: regnerisch, kalt, stark wechselnd. Das bitte ist sich einmal vorzustellen: einen Landregen, abwechselnd mit Wolkenbrüchen und dann Tag und Nacht im Freien, kein Faden, buchstäblich kein Faden mehr trocken am Leib, kalter Wind, die Feldküche kommt natürlich in dem Gelände auch nicht nach und das wenige Essen, das mit Tragtieren heraufgebracht werden kann, kommt meist unpünktlich und kalt. So liegt man in einem dreckigen Erdloch, ein - zwei Tage lang, friert, und wartet bis der Russe angreift oder aber steigt selbst aus dem Loch zum weiteren Angriff heraus. Diese Widerwärtigkeiten erscheinen alle nur nebensächlich und man nimmt sie gern auf sich, wenn man einen Schlachtenerfolg sieht. Leider hatten wir gerade in den letzten Tagen kein Glück, obwohl sich das Batl. wie immer ordentlich schlug. Das ist dem gemeinen Mann durchaus nicht gleichgültig, sondern er hängt mit allen Fasern am Erfolg und er ist stolz darauf bzw. es läßt seine Stimmung rapide nach. - Die Leute sind fast durchweg nett hier, sauber, die weitaus schönsten und saubersten Häuser, die ich bis jetzt sah in Rußland, wenn auch z.T. sehr primitiv eingerichtet z.B. mit offener Feuerstelle u.ä.. Es sind fast durchwegs Hirten, Schaf- wie überhaupt Viehzucht ist hier üblich. Wunderschöne Wollsachen haben die Leute, Decken, Strickjacken, Socken, Wollfilzhüte mit ganz breiter Krempe. - Wenn nun auch die Landschaft nicht mehr so öde ist, Murnau ist mir immer wieder als besonders lieblich in Erinnerung. Da können gnädige Frau sicher sein, daß ich es im nächsten Urlaub nicht versäumen werde rechtzeitig dort zu erscheinen. Aus dem

Brief lese ich mit großer Freude die ungemein zuversichtliche Auffassung und Haltung der gnädigen Frau. Ich hoffe, daß die ganze Heimat so ist! Ich erlaube mir auch diesmal wieder herzliche Grüße zu senden! Gnädiger Frau ergebenster Friedel.

Tagebuch

3./4.9.42

Nachts – tagüber regnete es längere Zeit in Strömen und wir sind richtig nass – lösen uns Rumänen ab, wir marschieren in schwerer Erde zurück. Schwer in doppeltem Sinn: einmal hat der Regen alles völlig aufgeweicht und wir marschieren nur mühsam, und zweitens ist dieses Stückchen der weiten russischen Erde mit viel Blut unserer besten Kameraden bezahlt worden – und nun geben wir es wieder auf. Aber doch, wir marschieren der Ruhe zu, nach mehreren Stunden Marsch kommen wir in einem kleinen, dreckigen Dorf an, wir sind enttäuscht; nach den schönen Orten, die wir sahen, müssen wir in ein solches Drecknest zurück. Die Leute sind unglaublich dreckig, unsere Hausfrau hat mehrere Kinder, verlottert, verwahrlost, dass man das Grausen bekommen könnte, sie wäscht sich und ihre Kinder nicht, das Haus ist schmutzig , aber den ganzen Tag lungert sie ohne Arbeit herum. Ich könnte mich grün und blau über ein solches Frauenzimmer ärgern. Der Garten ist verwahrlost, die wenigen grünen Äpfel schorfig, etwas anderes als Mais bauen sie nicht an und hungern tagtäglich, da es keine Kartoffel gibt. Dabei wäre das Land fruchtbar und man könnte Kartoffel, Getreide aller Art, Obst in rauhen Mengen, sogar Wein herausholen. Ein grosses Staatsgut am Dorfrand ist ebenso verlottert. Und doch, oder gerade deshalb, ich mache mir Gedanken, ob es nicht für mich eine schöne Lebensaufgabe wäre, hier einen grossen Hof zu beginnen und mit Viehwirtschaft, Getreidebau und Obst hochzubringen. Wachsen und gedeihen würde alles hier, es handelte sich dann nur um den Absatz. Ein Ritt bei schönem Wetter, bei dem ich dem Pferde freien Lauf lasse und es mich in wildem Galopp weit trägt, bestärkt diese Sehnsucht. Ich glaube, es ist auch eine Sehnsucht nach dem Frieden. Im Hintergrund steht der Kaukasus mit seinen herrlichen, wildgezackten Schneebergen – ein schönes Land und es fehlt nur der hohe Wald, um es unserem Vorgebirge und den Alpen ähnlich sein zu lassen. Es kommt nochmal Post und ich habe Zeit zu antworten.

Am 4.9.42.

Liebe Tante!

In den letzten Wochen versorgte ich ausgerechnet Dich äußerst schlecht mit Briefen von heraußen, während von Dir weiterhin so gute brauchbare Sachen kamen, zuletzt eine einfach vorzügliche Hartwurst und vorher die verschiedenen äußerst notwendigen Cremes, Zahnpasta u.ä., meinen herzlichsten Dank! Eine leise Entschuldigung spreche ich mir immer vor, wenn ich solange an Dich keinen Brief abschicke, ich hoffe, daß Du von Mutter auch dann und wann etwas über mich erfährst. Jetzt marschieren wir volle 7 Wochen in Hitze und Staub immer hinter der Front nach und bekamen keinen Feind zusehen. Vor 14 Tagen aber wurden wir sehr plötzlich eingesetzt, hier im Gebirge können wir eben doch am meisten ausrichten. Nur leider haben wir in 3 Jahren Flachlandkrieg vieles verlernt und manche Ausrüstung ganz verloren, die wir nun bitter nötig hätten, das Wetter ist äußerst schlecht, regnerisch, kalt wie bei uns. Es stellt eben der Gebirgskrieg doch wesentlich höhere Anforderungen an die körperliche Leistungsfähigkeit jedes Einzelnen. Alles Gepäck, was man dabeihaben will, Kälte- und Regenschutz, Verpflegung usw., muß man selbst im Rucksack mittragen, Fahrzeuge kommen kaum nach und auf den Tragtieren kann man nicht soviel verlasten. Auch die Feldküchen bleiben in diesem Gelände weit hinten und das wenige Essen, das mit Tragtieren hochgebracht werden kann, kommt meist unpünktlich und kalt (für solche Fälle habe ich immer eine kleine Reserve aus Deinen Päckchen, Keks, Bonbon u.ä. sind da vorzüglich!). - Die Leute hier, ein kaukasischer Volksstamm Kabardinen, sind sehr freundlich. Ihre Häuser sind sauber und ordentlich; die weitaus schönsten Häuser, die ich bis jetzt beim russischen Landvolk sah. Allerdings etwas primitiv eingerichtet mit offenen Feuerstellen u.ä.. Es sind Hirten, Schaf- und Rinderzucht ist üblich. Schweine haben sie keine, denn es sind Mohammedaner, die kein Schweinefleisch essen. Aber sehr schöne Wollsachen, Decken, Strickjacken, Wollfilzhüte, Socken usw., haben sie. Wäre nicht Krieg, es wäre hier sehr schön, auf alle Fälle nicht die ewig flache, eintönige Landschaft des sonstigen Rußlands. - Nun, liebe Tante, nochmals vielen Dank und herzliche Grüße Dein Neffe Gottfried.

4.9.42.

Meine Lieben!

Zwar habe ich erst gestern einen kurzen Brief in das Paket mitgegeben, nachdem aber heute gerade Zeit ist, will ich doch auch einmal Eure Briefe beantworten. Ich habe mich nämlich sehr über sie gefreut. Etwas neiderfüllt lese ich die Briefe von Vater aus Dresden, wo er von den schönen Bauten u.ä. Schreibst. Für mich bedeutet nämlich das Ansehen von Bauwerken eine Erholung. Ich erinnere mich noch ganz genau, wie ich voriges Jahr etwa um diese Zeit mit Vater in einem Konzert in Schloß Schleißheim war, der alte Prof. Sanders dirigierte neu entdeckte Werke von Mozart, und da habe ich nicht nur die Musik genossen, sondern genauso das wundervolle Schloß – ich war ja von Rußland her in der Hinsicht besonders ausgehungert. - Über die weltanschaulichen Fragen, die Vater mir schreibt, mache ich mir stets Gedanken. Das Letzte, das Weiterleben nur im Volk, beredete ich mit Helmut mit ganz denselben Gedanken schon vor langer Zeit –

es muß schon vor dem Krieg gewesen sein. Auch mit Kameraden heraußen bildet das hin und wieder ein Gesprächsthema. Instinktiv müssen viele dasselbe fühlen, denn nur so kann ich mir die große Heiratsfreudigkeit gerade von Feldsoldaten erklären. Diese Gedanken kann man freilich nicht jedem der breiten Masse beibringen, wie ein katholisch angehauchter Offizier mir gegenüber meinte, daß das dem Volk nicht verständlich zu machen ist, „das Volk aber etwas braucht"; aber versteht denn „das Volk" auch nur irgendeinen der christlichen Glaubenssätze? Frage einmal ein Bauernmutterl, das in der Woche 2-3 zur Kommunion geht, was das Kommunizieren für einen Sinn hat! Von Grundsätzen wie „liebet eure Feinde" usw. gar nicht zu reden. Da muß man eben zu hohe Dinge etwas banalisieren, wie es die Kirche machte, und da braucht man in dieser Weltanschauung nicht weit gehen, weil es nichts künstlich aufgestelltes darstellt, sondern eine natürliche, uns gemäße Anschauung. - Mutters Bemerkung über die Meckerer hat mich unendlich gefreut, direkt herzerfrischend. Kameraden bestätigen, daß nur in solchen Briefen Meckereien stehen, die von Leuten kommen, die selbst niemand im Feld haben und nichts zu tun haben. - Das mit dem Geld möchte ich auf alle Fälle so geregelt haben, es bedeutet doch eine Erleichterung und ich habe nicht den geringsten Verlust! Also bitte! Kommen die Kontoauszüge zu Euch? - Wie geht es Euch gesundheitlich; daß Vater sich gut erholte, ist ja pfundig, er kann's brauchen ! Bitte wieder solche mit Berichten von Euch von daheim! Euer aller Gopf. [Schlechtes Papier entschuldigen, mir ist viel naß geworden !]

Tagebuch

6./7.9.42

Der Auftrag, Verwundete zu besuchen und nach im Larzarett
Verstorbenen zu forschen bringt mich nach Pjatigorsk. Wohl ist
die Stadt in wunderbarer Lage, hat sie einige schöne Anlagen,
ist sie endlich wieder einmal eine Stadt, aber das Russische lässt
mich nicht los, es ist mir in den harten Kämpfen zutiefst, bis in
das Unterbewusstsein verhasst geworden. Am meisten Freude
an der ganzen Fahrt macht mir eigentlich – mir alten
Fusslatscher – das Dahinbrausen auf guter Strasse mit dem
Motorrad. Unverständlich finde ich die unverschämt hohen
Preise für Obst und überhaupt für alles, wo es doch eine
Obstgegend ist. Ich bin als vorläufiger Leiter für das
Erholungsheim eingeteilt, das unser Batl. in der
Krankensammelstelle in Pj. einrichtet und fahre mit 20 Mann
herein. Wiederum ist die Fahrt mit dem LKW mit das Schönste
von allem für mich ewigen Marschierer.

9.9.42.

Lieber Vater!

Wir bekamen in den letzten Tagen eine Masse Post, die schon
lange rückständig war, und darunter waren bestimmt die
meisten Briefe von Dir mit einer Fülle von weltanschaulichen
Anregungen und Gedanken, sodaß ich mich hinsetzen muß um
zumindest Einiges zu beantworten. Diese geistige Regsamkeit,
wie Du sie aufbringst, ging mir allerdings im öden Rußland fast
ganz verloren und ich kann lediglich Deine vorgekauten
Gedanken wiederholen. Immerhin – im Kameradenkreis
sprechen wir über dies und jenes. Wie gedenkst Du eigentlich
Deine weltanschaulichen Erkenntnisse außer auf schul-ischem
Weg zu verbreiten ? Denn wenn auch der Weg über die Schule
und damit die unvoreingenommenen und natürlich denkenden
Kinder der sicherste und einfachste ist, es sind doch heute
bestimmt auch sehr viele aufgeschlossene, natürlich-denkende
Menschen da, die nur auf eine fertig durchdachte Anschauung
warten; Leute, denen selbst nicht die Zeit oder die Verhältnisse
(siehe oben bei mir) zur Verfügung stehen um sich eine solche
Übersicht zu verschaffen und die das vorgekaut brauchen,
obwohl sie selbst bei genügend genauen Nachdenken keine
anderen Folgerungen ziehen können. - Die Beschreibung der
Gartenarbeiten freut mich jedesmal, ich würde auch sehr gerne
gärteln, wie ich mir überhaupt hin und wieder vorstelle, daß
ein großer Bauernhof hier im Osten nicht das Dümmste wäre,
eine Arbeit und Aufgabe, die ein Leben durchaus gestalten
könnte. Und finanziell kann man sich hier nicht schlecht stehen,

wenn man nur eingermaßen arbeitet. Die Russen auf dem Land leben nicht gerade schlecht, was Essen anbelangt und dabei arbeiten sie aber tatsächlich kaum etwas. Herausholen kann man Unendliches, der Abtransport wird schwierig sein, aber bestimmt organisiert werden können. Man weiß überhaupt nicht, über was man mehr staunen soll, über die Armut oder den Reichtum des Landes. Ein Beispiel: Hier fahren die Lokomotiven mit Öl, stell Dir vor mit Öl ! Bei uns gibt es kein Benzin für Feuerzeuge. - Du wirst staunen, daß ich auf so sauberen Briefpapier schreibe, denn sowas ist man im Allgemeinen von mir als Frontsoldaten nicht gewöhnt. Augenblicklich bin ich auch tatsächlich kein Frontsoldat, das Batl. hat nach den 2 Wochen harten Einsatz Ruhe und nachdem wir nicht allzuweit von einem großen nordukrainischen Badeort entfernt sind, kommen jeweils für 3 Tage einige Leute zur Erholung herein; baden, Soldaten-Kino, Theater (russisch) ist geboten, man kommt sich in dieser Stadt geradezu komisch vor. - Nun viele liebe Grüße an alle daheim, besonders aber an Dich (ich warte bereits auf neue Post, diesmal die verschiedenen Packerln!) Dein Sohn Gottfried.

9.9.42.

Liebe Lisl!

Nach langer Zeit kommt von Dir wieder ein Brief, da muß ich mich schon gleich hinsetzen und ihn beantworten. Du wirst jedenfalls staunen, ein so sauberes Briefpapier von mir zu sehen, denn sowas ist man im Allgemeinen von mir als Frontsoldaten nicht gewöhnt. Augenblicklich bin ich tatsächlich kein Frontsoldat, sondern es hat unser Batl. Ruhe nachdem wir 2 Wochen lang, ziemlich hart eingesetzt waren. Und da wir nicht weit von einem großen nordukrainischen Badeort entfernt liegen, werden jeweils für 3 Tage ein paar Mann zur Erholung hereingeschickt, man kann sich wieder einmal ganz baden, Wäsche waschen lassen, ein Soldatenkino gibt es, das Theater spielt zwar russisch, aber wenn eine Oper oder Operette gegeben wird ist das nicht so störend. Diese kurze Erholung können wir auch brauchen, der letzte Einsatz dauerte zwar nicht lange, dafür war es umso anstrengender, denn es war im Gebirge bei einem saumäßigen Wetter, da hat es mehrere Tage lang ununterbrochen geregnet, Du brauchst Dir bloß einen echt münchnerischen Schnür- und Landregen vorstellen, und dabei waren wir Tag und Nacht im Freien. Da glaube ich ist nicht viel Phantasie nötig um sich auszumalen, wie naß wir waren – buchstäblich kein trockener Faden am Leib – und wie wir froren. Denn die große Hitze, wie wir sie im Flachland hatten, die geradezu subtropisch war, hat sich hier in ekelhaft kalten Wind gewandelt. Dazu kommen dann noch die sonstigen Härten des Gebirgseinsatzes, wie die Rucksackschlepperei, denn Fahrzeuge kommen natürlich nicht nach und alles, was man braucht muß man selbst mittragen, und unregelmäßiges Essen; die Feldküche muß ja weit hinten und unten stehenbleiben und was dann mit Tragtieren hochgebracht werden kann, kommt meist unregelmäßig und kalt und ist nicht besonders viel. Da hilft man sich dann immer ein wenig mit den kleineren Sachen, die von daheim kommen aus; ein paar süße Sachen müssen da über lange Zeit hinweg helfen. - Du schreibst so zufrieden von Deiner Arbeit in der Landwirtschaft. Du, ich kann Dich gut verstehen und glaube, daß mir das ebenfalls eine entsprechende Arbeit wäre und überlege oft und immer wieder, ob nicht ein großer Hof hier herüben im Osten passend für mich wäre. - Heute nun Dir recht liebe Grüße über viele tausend Kilometer hinweg Dein Gottfried.

Tagebuch

7. - 18.9.42

Und dann beginnt ein richtig faules Leben: ein Zimmer mit richtigem Bett, mit elektrischem Licht, mit Wasser, Tisch, Stühlen, Sofa nimmt mich auf, Bedienung bringt Frühstück, Mittag- und Abendessen (wenn auch nicht gerade reichlich), ich habe nur in den ersten paar Tagen ein paar Gänge zur Erledigung einiger geschäftlicher Dinge zu machen und dann ist meine ganze Arbeit nur noch das Brief schreiben, sonst gehe ich nur spazieren, lese, schlafe. Und doch gefällt mir das Leben nicht recht, ich bin kein Mensch, dem das faule Nichtstun zusagt und würde mich gern betätigen, Musik betreiben (ich habe richtig Sehnsucht, einmal wieder lang Klavier zu spielen oder ein gutes Konzert zu hören), sporteln, vielleicht Gartenarbeiten machen, lernen. Aber es bestehen keine Möglichkeiten in dieser Stadt, sie ist trotz einiger Kultur russisch und Russisches ist mir verhasst bis in die tiefste Seele. Auch ein guter russischer Frauenchor kann mich nicht recht begeistern, es ist mir einfach fremd. Nur ein Mädchen darunter hat unbedingt deutsche Züge, sie ist natürlich und ich muss mir eingestehen, dass sie mir gefällt. Das Theater, das ich zweimal besuche, hat ausgezeichnete musikalische Kräfte, es stört mich nur wieder die russische Sprache. Ein anderes Erlebnis betrifft mich tiefer: Hauptmann Fesele kommt eines Abends und heftet mir im Auftrag des Kommandeurs das EK I. an und anschließend verbringe ich mit ihm und ein paar Ärzten einen gemütlichen Abend mit Wein und Cognac, am meisten würzt Fesele mit seiner urwüchsigen, erfrischenden Art den Abend. Das, was eine Auszeichnung bewirken soll, bewirkt sie auch bei mir: sie eifert an und verleiht neue Tatkraft. Ich erledige manches, was ich bisher liegen liess. Und auch weiterhin habe ich neue Spannkraft. Schnell geht die schöne Zeit zu Ende, wie eine neue Belegschaft für die Krankenstelle kommt und uns nicht mehr länger behalten will. Ich laufe zwar von Pontius zu Pilatus um ein Haus, das wir uns selbst einrichten, aber diese rückwärtigen Stellen arbeiten langsam, sehr langsam; wenn sie überhaupt arbeiten. Ich habe den Eindruck, dass hier ein riesiger Apparat aufgezogen ist, angeschwollen und aufgebläht, der leicht auf wenige Mann reduziert werden könnte. Aber freilich, diese rückwärtigen Stellen haben keine Ausfälle und mit ihrem Nachersatz machen sie sich das Leben immer noch bequemer. - Einige Zusammenkünfte mit dem alten Kameraden Espermüller lassen uns die Zeitprobleme durchsprechen, wobei wir im Ganzen zu ziemlich düsteren Feststellungen kommen. Das Jahr 42 brachte uns keinen Gewinn, dem Russen konnten wir keine richtige Schlappe beibringen.

Wieder zurück, empfängt mich gleich eine Menge Arbeit: alles, was der Chef nicht selbst tun will, und das ist viel, hängt er mir auf bis zu den kleinsten, unwesentlichen Dingen, die der nächstbeste Mann erledigen könnte. Dadurch wird meine Stimmung schnell gedrückt, ich bekomme wieder die alte Wut und Überdrüssigkeit. Wie dann der Chef auf zwei Tage wegfährt, entwickle ich gleich eine Rührigkeit, um meine Gedanken und Vorschläge durchzuführen. Wir sammeln eifrig Vorräte für den Winter, Kartoffel, Heu, Holz; bauen Unterkünfte. Da kommt aber sehr schnell der Abmarschbefehl dazwischen, wir müssen einen Quartierwechsel machen und sind dann etwa 25 km vor Pjatigorsk in Pssynodach wo wir bessere Quartiere vorfinden, an deren Ausbau wir sofort gehen. Wieder bekomme ich einen Ärger über die geringe Organisationsfähigkeit vom Chef (oder ist es Faulheit), der z.B. Pritschenbau befiehlt, wenn je Quartier kaum 2-3 Bretter da sind – aber nichts tut, um Bretter zu beschaffen. Eines hat er endlich begriffen: dass ich reiten lernen will und er gibt mir Reitunterricht, leider geht es wieder zu schnell weg dann, um ihn zu vervollständigen.

24.9.42.

Meine Lieben daheim!

Den vergangenen Tagen nach wäre es schon längst wieder Zeit gewesen einen Brief heimzuschicken, aber weil sich nichts Neues ereignet hat, bin ich nicht auf den Gedanken gekommen und auch jetzt ist – wie stets – der Anlaß dazu nur meine altgewohnte Bettelei. Man ist eben in diesem gottverlassenen Land in jeder geringsten Kleinigkeit auf den „Nachschub" von daheim angewiesen. Als erstes wird Euch das gute Briefpapier auffallen – nur ein Zeichen, daß ich damit aus dem letzten Loch pfeife, denn sonst wird dieses Papier nur für besondere Festlichkeiten verwendet. Wenn möglich schickt mir bitte die praktischen Feldpostbriefe oder einen einfachen Block! Dann brauche ich außer den angeforderten Achselstücken nochmal 1 Paar z. Einnähen u. 1 Paar Spiegel. Um gleich bei den Militäreffekten zu bleiben: Ein EK I für meinen zweiten Rock, damit ich nicht immer wechseln muß. Nun habe ich eine Bitte, die an Vater ergeht: Frau Schilling (Berlin, Bekannte v. Tt. Paula) versorgte mich den ganzen Sommer über mit Päckchen, die zwar nur für mich ziemlich nutzlose Zigaretten (feinster Sorte) enthielten, aber immerhin – mit einem netten Weihnachtsgeschenk möchte ist es ausgleichen. Und da bin ich eben in diesem gottverlassenen Land... (siehe oben!). Ich habe an einen Schnitt von Herrn Weitz gedacht, natürlich keinen großen und wertvollen, mehr als 20.- möchte ich eigentlich nicht ausgeben. Kann Vater mir soetwas besorgen? Man müßte ihn gleich nach Berlin (Fr. I. Schilling, Bln.-Dahlem, Miguelstr.

5) schicken, d.h. so, daß er bis Weihnachten dort ankommt. Die Begleit-Worte schreibe ich von heraußen. A propos: Weihnachtsgeschenke! Gertrud möchte sich doch so ein wenig erkundigen, was Eltern, Lenggries und auch die Mädeln brauchen könnten u. was möglich ist zu beschaffen, mein Konto steht zur Verfügung, wenn sie mir nur hier einigermaßen helfen kann, dann... (siehe gottverlassenes Land!). Die 2 Paar Kinderschuhe sind übrigens russische Handarbeit auf Bestellung von dort, wo ich die Tage in Erholung war und sollen für Weihnachten an Irmi und Helmutl (die kleineren) gegeben werden. Die Wolle stammt von hier, kann Lisl etwas damit anfangen ? Wenn ja, ich könnte noch eine Menge schicken. Das Päckchen bitte wieder zurück + einige andere (im Tornister auf Gangschrank II. Stock). - Das 1. 1kg-Päckchen, fabelhaft eingerichtet und ausgestaltet, ist mit seinen „Magensachen" wie Cognac und Schoko immer noch nicht gekommen – leider. Aber allmählich gewöhn ich mich sogar an diesen Zustand. Hoffentlich allerdings enthält das 2. Päckchen die im damaligen Brief genau bezeichneten Sachen, sonst kommen diese zu spät. Die Hitze hat sich nämlich schon seit längerem in ein Klima gewandelt, das unserem münchnerischen ganz ähnlich ist. Die Urlauber erzählen, daß sie daheim im Hochsommer gefroren hätten, weil sie von heraußen eine ganz andere Hitze gewohnt waren. Ebenso ist natürlich auch für uns der Wechsel doppelt unangenehm. Die warmen, doppelt gestrickten Handschuhe von Getrud haben mir beim Einsatz bereits vor einem Monat gute Dienste getan, genauso das weiche Stirnband, das nicht wie ich zuerst glaubte bei Charkow verloren gegangen ist, und jetzt schwelge ich in

den neuen Strickschuhen – einfach köstlich gemütlich. Nun könnte ich noch einiges brauchen um den Winter gut zu überdauern, vor allem Bücher. Und zwar möchte ich mich – um nicht ganz zu versumpfen – ein wenig mit Mathematik u. Physik beschäftigen. Kann mir Gertrud ein Lehrbuch besorgen, das etwa den Stoff der 5. u. 6. Realgymn.-Klassen wiederholt u. Integral u. Differentialrechnungen neu bringt? Dazu das Physikbuch in meinem Regal (den Verf. weiß ich nicht mehr, Dr. Alt hat es umgearbeitet) gibt vermutlich genug Arbeit. So – genug Arbeit dürfte auch dieser Brief zu Euch bringen, während sonst gar nichts drin steckt. Ist auch gut so, ich würde doch nur ein unzufriedenes Gemecker anfangen, denn meiner Ansicht nach wäre dieses Festsitzen diesseits... nicht notwendig gewesen bei einer etwas energischeren und vor allem zielbewußten Leitung dieser Operation, die nicht nur hin u. herexperimentiert. - Gestern – nach 10 Tagen schon – ging leider der Cognac zu Ende, aber immerhin, er wärmte mich bis in die letzten Fasern auf und hat mich so beschwingt, daß ich wenigstens diesen Brief zusammenbrachte. Er hat in mir allerdings auch Erinnerungen an gemütliche Abende aufleben lassen – bis zu meinem „Patenstehen" hoffe ich wieder welche zu erleben! Euch allen herzlichen Dank für Eure lieben Briefe und guten Sachen! Euer Gottfried.

29.9.42.

Liebe Mutter!

Ich bin gerade beim Briefschreiben gewesen, wie Dein Brief vom 1.9. ankam, da lasse ich mich nicht lange bitten und beantworte ihn gleich, Du hast ja eine Menge Fragen und sonst interessante Dinge. Also, Ihr werdet ja nun schon mehrere Briefe von mir wieder bekommen haben, wenn auch in größeren Abständen; aber da braucht Ihr Euch nie zu sorgen, denn als armseliger Infanterist bleibt mir wenig Zeit. Da wenn z.B. 30-40 km zu marschieren sind, brauchen sich motorisierte Truppen wie Flak, die meiste Artillerie, Panzer usw. nur 1-2 Stunden auf ihre Fahrzeuge zu setzen und sind dann ohne Anstrengung am Ziel, während wir den ganzen Tag auf den Beinen sein müssen und abends dann mit zerschundenen Füßen und todmüde ankommen. Der Flieger kennt die physische Anstrengung überhaupt nicht, er fliegt seinen Einsatz, wozu bestimmt Können und Schneid gehört, aber dann kommt er zurück zum Flughafen und findet dort wieder alle Bequemlichkeit vor, er wird von allen möglichen Diensten umsorgt – und die Luftwaffe sorgt bestimmt gut für ihre Leute. Endlos viele Leute, die auch Uniform und Auszeichnungen tragen (Soldaten ist dafür nicht immer der richtige Ausdruck) sind hinten bei den rückwärtigen Diensten beschäftigt (ich habe nun mehrmals die Beobachtung gemacht, daß je weiter man von der Front zurück kommt umso mehr Soldaten auftauchen) und wissen in dieser Hinsicht eigentlich überhaupt nicht wie der Krieg aussieht. Es hat eben der Infanterist eben zweifellos die größten physischen und auch psychischen Anstrengungen auszuhalten, er marschiert sich todmüde meist mit einer Unmenge Gepäck und Waffen auf dem Rücken, tritt dann ohne sich ausruhen zu können ins Gefecht, schläft dabei oft Tage nicht, weiß nicht ob die Feldküche Essen bringt, schwitzt, friert – und hält durch ! Das wunderbare an unseren Leuten ist, daß sie trotz allem immer eisern dabei sind und keinerlei Hemmungen kennen. Und bekannt ist ja ganz allgemein, daß gerade die Fronttruppe die zuverlässigste ist und stets eine gute Stimmung hat. Ich glaube es ist eine Eigenart des Deutschen, daß er dann wenn man viel von ihm verlangt, er umsomehr leistet und sich groß zeigt. So – nun habe ich Dir ein wenig vorgejammert und gemeckert, aber lautes und ehrliches Schimpfen steht uns Soldaten schon zu, uns Jägern traditionell schon gleich gar. Wir machen uns halt Luft und schimpfen uns in gute Stimmung hinein – tatsächlich. Da sagt einer: „Die Infanterie ist die Königin aller Waffen – und die anderen essen die Sonderverpflegung !" und damit hat er sich den Groll, der durch den vielen widerwärtigen (siehe oben) entstand, vom Herzen gelöst. Du, Mutter, darfst also meine Worte alle nicht so ernst und tragisch nehmen – bei uns heraußen, unter Kameraden und in der Gemeinschaft sieht sich alles viel leichter an und ist leicht zu tragen. – Weiter zu Deinem Brief: Da sehe ich jetzt erst, was Du Dir mit meinem Paket für Arbeit gemacht hast; recht, recht vielen Dank ! Angekommen ist es noch nicht, aber es kann nicht fehlgehen, denn diese Dienststelle ist ja meine Kp.. Da hat wohl diese milit. Briefstelle ein Auge zugedrückt und den Stempel draufgehauen, denn das ist eigentlich nur für Dienstsachen. In Zukunft darf ich Dich schon nicht mehr soviel mit meinen Wünschen belästigen. Aber ich bin eben immer wieder mit soviel ganz auf Dich angewiesen. Jetzt tust Du Dich jedenfalls schon ein wenig hart, wenn Betty nicht mehr da ist. Ja aber trotzdem, ich habe schon wieder einige Kleinigkeiten, die ich halt notwendig bräuchte: 1. 1-2 Paar Schisocken, es müssen nicht die besten sein, 2. Pulswärmer, wenn so was noch daheim ist (keine anfertigen), 3. ein P. dünnere Strickhandschuhe oder aus dü,nnerem Stoff genähte mit Daumen und nur Zeigefinger (dann a' la Fäustling) wünsche ich mir zu Weihnachten oder schon eher; aber Halt, No.3 werde ich Lisl schreiben, die mir ja schon viele solch nette Sachen gemacht hat, 4. einen Klebstoff für Papier, wenn erhältlich* (nicht herum laufen, denn a) nicht besonders dringend b) kann mir Helmut auch so was besorgen [vornehme Luftwaffe]). Mit Helmut habe ich übrigens schon lange Briefverkehr, er schickte mir heute den 3. oder 4. Brief und einen gewünschten Kamm mit dabei, den es bei ihnen in der Marketenderei gibt. An ihn muß ich mich überhaupt in solchen Dingen wenden, wie gesagt: vornehme Luftwaffe. Bei ihm ist es ja sehr schnell mit dem Obltn. gegangen, aber recht lange dauert es ja nicht mehr und ich bin auch schon wieder 1 Jahr Lt. (4 Monate noch.). Die Berichte von den Luftangriffsschäden erfreuen mich weniger, im Allgemeinen wird ja da von zuhause übertrieben, aber wenn Du es schreibst, rechne ich es voll. Das ist dann heraußen ein unsicheres Gefühl, wenn die Angehörigen daheim auch in Gefahr sind. Erfreulicher dürfte jedoch der Besuch von Tt. Marie und Irmgard gewesen sein (Ha! Ha!). Und noch viel erfreulicher ist es für mich zu hören, was für kolossale Touren Vater gemacht hat; da werde ich ihm einen Militärarzt schicken, der ihn k.v. zu den Gebirgsjägern schreibt und dann auf in den Kaukasus !!! Liebe Mutter, für all Deine Mühe und Sorge um mich kann ich Dir nur ein briefliches, papierenes Danke sagen, aber Du weißt, wie ich es meine, gelt! Liebe Grüße an alle Dein Sohn Gottfried. *nicht drum kümmern, kann ich anderweitig erledigen lassen! (Die Stumpen im letzten Päckchen sind für Onkel Paul zu Weihnachten bestimmt, ich werde nach Möglichkeit mehr schicken.)

29.9.42.

Liebe Lisl!

Heute will ich Dir zum Geburtstag schreiben. Ja, schreiben kann ich Dir schon, aber irgendein kleines Geburtstagsgeschenk habe ich nicht für Dich, nicht das geringste. Und dabei hast Du mich nun schon oft mit so brauchbaren Dingen versorgt, ich erinnere nur an die Socken und Strickhausschuhe. Aber in diesem elenden Rußland ist ja nichts aufzutreiben und ich stehe mit leeren Händen da, im Gegenteil, ich habe eher noch Wünsche, daß Du mir wieder etwas machen willst. So schicke ich Dir halt einen lieben Gruß und ein Geburtstagsbusserl und hoffe, daß Du es auch so aufnimmst. Wie geht es denn Dir jetzt in Lindau, hast Du Dich doch soweit durchgesetzt, daß Du ein erträgliches Auskommen hast? In meinem nächsten Urlaub (noch in weiter Ferne allerdings) muß ich Dich doch einmal in Deinem Wirkungsbereich und Arbeitskreis besuchen. Es interessiert mich überhaupt die Landwirtschaft mehr und mehr. Da fällt mir ein: Kannst Du diese Wolle, wie ich sie Dir schickte, brauchen oder hat es keinen Sinn. Solche könnte ich nämlich hier genug bekommen, es ist nur die Schwierigkeit mit dem Zurechtmachen der Pakete, weil wir gar nichts dazu heraußen haben. Schreib mir bitte! Nur - wir gehen jetzt einem neuen Einsatz entgegen und da werde ich dann wahrscheinlich keine Gelegenheit mehr haben. Aber später wieder! Dir, liebe Lisl, nochmal alles Gute zu Deinem Purzeltag und weiterhin im Leben viel Glück! Herzlichst! Dein Bruder Gottfried.

Tagebuch

30.9.42

Es kommt nämlich ein Einsatzbefehl, wir wollen wieder einmal ins Baksantal vorstossen. Es trifft mich nicht gerade überraschend, denn ich glaubte niemals, dass wir jetzt schon zur Winterruhe übergehen würden. Ich habe auch eifrig meine Briefschulden erledigt, viele lange Briefe mit manchem Gedanken geschrieben. Ich bekam allerdings auch genug Post. So fahren wir am letzten Tag – ein herrlicher Herbsttag – geschlossen alle Zugführer des Batl. voraus, um zu erkunden. Mir gefällt wiederum die Fahrt in der immerhin schönen

Berggegend am besten und vorläufig habe ich noch keinerlei Unruhe auf den Angriff. Vieles habe ich noch zu richten, lauter Kleinigkeiten, die den ganzen Tag beanspruchen, dienstliche Unebenheiten. Abends steigen wir in die Autos ein (etwas für uns ganz Ungewohntes) und werden bis zur Stelle gefahren, von der aus wir im langen Nachtmarsch zur Einsatzstelle kommen. Es ist unheimlich dunkel, erst später reissen die Wolken auf und kommen die Sterne zum Vorschein. Mit Oberleutnant Schedler spreche ich über die Ausgestaltung eines kulturvollen Familienlebens, wie man den Kindern Namen gibt, die für die tiefere Bedeutung haben, Verpflichtung sind. Er führt als Beispiel seinen Freund Erich an, nach dem er seinen ersten Sohn nennen will. Dieser soll ebenfalls einmal zu den Jägern, die Achselstücke seines Namenspatrons tragen, nach seinem Vorbild leben. Mir gibt es manche Anregung, ich bedaure wieder einmal, noch nicht soweit zu sein, ja wahrscheinlich erst nach vielen Jahren heiraten zu können.

1.10.42

Der lange Marsch gibt die Möglichkeit, vielen Gedanken nachzuhängen. Und dann wird unsere Kompanie abgezweigt, der Einsatzbefehl gibt uns den Auftrag einen Berg, den Ctraimascho, von der Flanke anzugreifen. In der Dunkelheit aber – und wie es allmählich Tag wird steigt der Nebel herauf – ist kein Zurechtfinden, die Karte ist hundsmiserabel, wir wissen nicht, ob wir richtig sind. Eine grosse Alm mit viel Vieh ist bewohnt, aber die Hirten geben uns nur widerwillig oder überhaupt falsche Auskunft. Wir fühlen noch weit vor und steigen im Nebel und kalten Wind stundenlang herum, bis vom Bataillon der Befehl kommt, erst anderntags zurückzukommen. Da richten wir uns für die Nacht dort oben ein, was gut geht, denn viel Heu gibt uns günstige Gelegenheit. Ich schlafe in der Höhenluft prächtig, eine zweimalige Kontrolle der Posten gibt mir die Ruhe dazu.

2.10.42

Am Morgen weckt uns der heisse Kaffe und dann marschieren wir in langer Reihe talab. Da fühle ich mich so richtig in den Bergen, vergesse den Krieg und geniesse nur die Schönheit der Umgebung. Leider gibt es ja hier keinen Wald und es sind deshalb diese Berge nicht mit den unseren zu vergleichen. Und dann steigen wir wieder an und stossen zum übrigen Batl. Aber unsere Kompanie bleibt Reserve. Der Nebel nimmt jede Möglichkeit richtig zu operieren und der Kommandeur will sich nicht in Ungewisses einlassen. Da liegen wir wieder einen Tag und eine Nacht herum, die Nacht können wir zelten mit genügend Heu.

3.10.42

Am Morgen reisst endlich der Nebel auf und die Schneeberge des Kaukasus steigen in ihrer Grossartigkeit heraus. Mir geht das Herz auf. Aber lange können wir nicht schauen, dann treibt uns die russische Artillerie schnell in Deckung – es ist ja Krieg.

Wir bleiben weiterhin Reserve – bis Mittag. Dann kommt für uns – für meinen Zug – ein Einsatzbefehl, wir sollen seitwärts eine starke Aufklärung vortreiben, um dem starken Artilleriefeuer auszukommen, das die anderen Kompanie nicht mehr vorwärts kommen lässt. Aber bei der Einweisung durch Oberleutnant Schedler verhalten wir uns sehr unvorsichtig, ganz dicht geballt sind Komp.Trupp, Funktrupp, Zugführer und schliesslich mein Zug, dass der Russe ja etwas merken muss und auch hereinhaut. Ich springe gleich voraus und mich erreicht das Artilleriefeuer als Einzelnen, Vorderen nicht mehr. Aber hinter mir kommt langsam eine Menge Leute nach, die es nicht schnell genug begreifen und da werden einige verwundet, Oberleutnat Schedler schwer am Rücken und Kopf mit Splittern. Unser Unternehmen muss wegen dauernden Beschusses eingestellt werden, ich übernehme die Kompanie. Da muss ich zusehen, wie sich der schwerverwundete Oberleutnat in Krämpfen windet, er hat beim Verbinden – es muss bei Feindeinsicht am steilen Hang geschehen – grosse Schmerzen. Wir bleiben in Stellung hier liegen, ich weise in der Dämmerung die Kompanie ein.

4-5.10.42

Und dann liegen wir zwei Tage bei Sonnenschein und Regen in Stellung. Kaum Beschuss, der ewig langweilige Stellungskrieg. Ich baue einen schönen, gemütlichen Heubunker, der Regen und Wind abhält und geniesse ausserdem die Fürsorge des Chefburschen, der alle Kleinarbeit abnimmt.

5.10.42.

Liebe Lisl!

Gar nicht lange ist mein Brief an Dich weg, in dem ich Dir schrieb, daß ich Dir außer Glückwünschen nichts zum Geburtstag schicken könnte, sondern im Gegenteil eher an Dich eine Bitte habe. Und tatsächlich, heute ist es soweit, wir sind seit mehreren Tagen wieder im Gebirge eingesetzt und da empfinde ich jetzt einen Mangel, dem vielleicht am besten Du abhelfen könntest. Ich bräuchte nämlich ein Paar warme Fäustlinge besonderer Konstruktion. Die müßten außer dem Daumen noch den Zeigefinger frei haben, links und rechts; lange, dicke Stulpen haben, damit bei den offenen Ärmeln der Uniform der Puls warm bleibt; ziemlich weit sein, denn nicht nur daß ich reichlich große Hände habe, ich will auch u.U. noch Fingerhandschuhe drunter anziehen, mit einem Band verbunden sein, damit man sie um den Hals hängen kann durchgezogen durch die Rockärmel, und sie nicht verliert. Kannst Du übrigens mit der Wolle etwas anfangen, die ich nach Hause schickte ? Wenn ja, dann schreibe es mir, ich hoffe weiterhin welche besorgen zu können. Wenn Du die eine kräftige Wolle hernehmen kannst ist es natürlich am besten, einen Lederbesatz kann ich ohne weiteres von unserem Sattler heraußen draufmachen lassen – vorausgesetzt, daß Du Material, Zeit und Gelegenheit hast um überhaupt welche zu machen. Weißt Du, es wird jetzt schon unangenehm kalt und ich will mich fßr noch kältere Zeiten vorsorgen. Gertrud hat mir

zwar wunderbar warme Fäustlinge gemacht, doppelt gestrickt
– innen mit einer feinen Wolle - , aber ohne Zeigefinger kann
ich sie nicht immer anbehalten und das ist ein großer Nachteil. -
Was treibst Du immer, nutzt Du die schöne Lage am Bodensee
aus? Hier wäre es ja auch ganz schön, nur müßte man im
Frieden die Gegend genießen, jetzt sieht man nur die größeren
Schwierigkeiten. Laß bitte wieder hören! Von mir recht liebe
Grüße Dein Bruder Gottfried.

5.10.42.

Meine Lieben!

Seit einigen Tagen sind wir wieder eingesetzt, aber im
Augenblick habe ich gerade Zeit, da langt es zu einer Karte. Das
Wetter ist wiederum nicht besonders schön und schon reichlich
kalt für unser Leben im Freien – wie sollte es auch zu dieser
Jahreszeit hier anders sein. Aber vorläufig bin ich immer noch
warm genug ausgerüstet um dem Wetter gewachsen zu sein.
Bei nächster Gelegenheit werde ich Euch wieder einen längeren
„Lagebericht" zukommen lassen. Jetzt fällt mir noch folgendes
ein: Wie sieht es aus mit meiner Kleiderkarte? Voriges Jahr
bekam ich sie von der Kartenstelle Sonthofen, muß man da
nicht bei seiner Heimatgemeinde einen Antrag machen? Könnt
Ihr das für mich mit erledigen bzw. erfragen? Die Karte wollte
ich heuer zu einem dunklen Anzug verwenden (bei Onkel Max

der meine Maße hat). Euch allen recht herzliche Grüße
Gottfried.

Tagebuch

6.10.42

Abends aber rücken wir ab, diese Stellung wird aufgegeben,
lediglich das Wachbataillon sichert weiter rückwärts. Wir
ziehen uns in der Dunkelheit zurück und ich habe wie stets
beim Zurückgehen ein ungutes Gefühl. Der Russe schiesst auch
urplötzlich, kaum dass wir ganz abgerückt sind, hinter unsere
Stellungen. Dann aber lösen wir uns doch und in einem endlos
langen Nachtmarsch, bei dem wir uns einmal um eine volle
Stunde verlaufen und der uns alle hundemüde macht, kommen
wir zurück in das Dorf Ssarmakowo im Malkatal, von dem wir
ausgegangen sind. Dort erreichen wir beim Morgengrauen nur
schlecht vorbereitete Quartiere. Und abends noch soll es wieder
vorgehen, um einen anderen Höhenzug anzugreifen. Aber
Gottseidank kommt ein Melder vom Batl., der überbringt, dass
es heute nicht mehr losgeht und wir armen, müden Schlucker
nicht mehr aufgesprengt werden. Für den nächsten Tag
schmiede ich gleich einen Dienstplan und auch an den nächsten
Tagen (das Unternehmen unterbleibt überhaupt) lege ich mich
eifrig ins Zeug, um aus der Komp. möglichst viel
herauszuholen.

7.10.42.

Liebe Tante!

Wiederum ist von Dir eine liebe Karte und ein Päckchen mit den guten Süßigkeiten (Drops und Vitaminbonbon) gekommen, Deine „Päckchen-Kette" reißt nicht ab und versorgt mich laufend mit Dingen, die bei Soldaten erwünscht sind. Recht vielen, herzlichen Dank! [?]-Creme und Zahnpasta sind auch schon lange in meiner Hand und in eifriger Benutzung; woher nur konntest Du solch rare Artikel beschaffen ? In all diesen Sachen sind wir ja leider ganz auf den „Nachschub" von daheim angewiesen, in diesem elenden Rußland ist so was durchaus nicht zu kaufen. Kaufen kann man ja überhaupt nichts; will man von den Bauern einmal irgendwelche Lebensmittel haben, muß man sie eintauschen mit Tabak, Feuerzeugen, Nähnadeln und allem möglichen Kleinigkeiten ähnlicher Art, Geld nehmen sie keines an. Du wirst Dir kaum vorstellen können, wie arm diese Leute meist sind. Es fehlt oft am einfachsten Hausrat; Teller, Tassen, Bestecke, Kochgeschirr wird man nur in den wenigsten Haushalten finden. Eine eiserne Bratpfanne, ein – höchstens zwei Kessel, einige Holzlöffel – damit ist im Allgemeinen das Inventar erlöscht. Tische, Stühle gibt es – wenn überhaupt – nur in wackliger Ausgabe, Schränke in wackeligster und vermoderter. Freilich haben die Sowjets auch große Bauten auf die Beine gestellt, aber außer einigen ganz wenigen Schaustücken (in Rostow sah ich z.B. das prunkvolle Gorki-Theater) sind auch diese nur Betonklötze mit schwungvollen Gips[?] – die meist schon wieder abbröckeln. Und ein andernmal muß man über den unerhörten Reichtum des Landes staunen: an Menschen, wo aus der kleinsten Hütte ein dutzend gesunder Kinder hervorquillt, an weitem fruchtbaren Land, an Bodenschätzen aller Art. Aus diesen Komponenten schöpfen sie ihre unglaubliche Wehr- und Widerstandskraft – sie ist noch lange nicht am Ende und wir werden noch ein ordentliches Stück zu beißen haben. – Dir, liebe Tante Paula, nochmal meinen besten Dank und viele, herzliche Grüße von Deinem Neffen Gottfried.

7.10.42.

Meine Lieben!

Nach ein paar Tagen Einsatz im Gebirge sind wir wieder heruntergekommen und fanden Post von längerer Zeit vor. Bei mir hat's ja besonders eingeschlagen: Briefe vom 11.9. (Gertrud), 13.9. (Mutter u. Inge), 15.9. (Vater), 1kg Päckchen vom 20.8., das mit Dienstpost geschickte Kleiderpaket. Also, in dem Kilopäckchen habt Ihr Euch einmal wieder selber übertroffen; ich hätte es gar nicht für möglich gehalten, daß es noch so gute Sachen gibt, u. zwar sind nicht nur die Süßigkeiten von traditioneller Güte, die Blätzerln von Mutter habe ich noch nie so gut gegessen (oder meine ich es nur deswegen, weil es eine solche seltene Ausnahme ist ?). Aber im Vergleich mit Blätzerln aus anderen Päckchen und von Kameraden sind sie schon tatsächlich einzigartig und zeigen mir die „Kultur im Kochen", die ohne Zweifel „bei uns daheim daheim ist". Für das wundervolle Besteck muß ich mich bei Gretl extra bedanken. Die Versetzung Karls nach München ist ja pfundig, wenn Gertrud die Wohnung hier nehmen kann. An die Aufgabe der W.-burger Wohnung denke ich allerdings etwas wehmütig, weil ich schon zweimal einen, bzw. einige urgemütliche, seelenerholende Tage dort verbrachte. Aber diese Atmosphäre weiß Getrud ja überall zu schaffen. Mit der Hoffnung auf ein Punschbrauen bin ich ja vorsichtig, aber es ist eine Bowle auch nicht schlecht (oha! Woher den Sekt?)! Vom Einsatz hier habe ich ja nun oft genug geschrieben, daß Ihr Euch orientieren konntet, was mit mir los ist, und ich muß sagen, so viel anstrengender es hier auch zugeht, dazwischenhinein atme und lebe ich in dieser Umwelt immer wieder auf und freue mich ehrlich. In der Bevölkerung sind übrigens manche gleiche typische Eigenschaften festzustellen wie bei unseren Bergbauern. - Es ist schon etwas anderes, als diese flache Endlosigkeit! Wir werden noch viel zu leisten haben, denn der Russe hat es verstanden mit eiserner Energie aus den flüchtenden Truppen und rasch eingezogenen und ohne Ausbildung eingekleideten und ins Gefecht geworfenen ganz jungen und alten Leuten eine große Zahlenüberlegenheit herzustellen, die rücksichtslos eingesetzt wird und von Tag zu Tag verbissener wird. - Ich habe nur 6 Jahre Gymnasium, mit [?] ist es also auf diese Weise nichts. (Spielt meiner Ansicht nach keine große Rolle!). Euch allen, Groß und Klein, einen lieben Gruß und vielen Dank! Euer Gottfried.

7.10.42.

Liebe Tante Luise!

Nicht nur, daß mein letzter Brief an Dich etwas sehr kurz war, es ist auch schon wieder genügend lange her, daß er an Dich abging. Ein Wenig muß ich doch Dir auch von heraußen berichten, wenn Du auch das Meiste von Mutter erfahren wirst. Gestern sind wir wieder von ein paar Tagen Einsatz im Gebirge heruntergekommen, ein neuer steht uns in Kürze bevor. Als „Berglerin" vom Teegernsee wirst Du Dir leicht eine Vorstellung von diesem Krieg machen können. Jetzt war es schon reichlich kalt, Nebel und Wind ließen den Herbst spüren, Regen hat uns auch nicht verschont. Als Soldat ist man halt dem Wetter fast vollkommen ausgeliefert, man kann nicht am Abend einfach dem Russen eine gute Nacht wünschen und sich eine Hütte mit Bett zum Schlafen aussuchen, man muß sich eben ein Loch schanzen und liegen bleiben, und kann dann nur hoffen, daß es nicht zu kalt wird und nicht regnet. Hat man Glück, liegt in der Nähe ein Heuhaufen, zu dem man bei Dunkelheit hinschleicht um mit ein paar Büscheln sein Lager etwas weicher und vor allem wärmer zu machen. Denn Decken kann man natürlich nicht mitnehmen, in seinem Rucksack hat man sowieso schon genug schwere Sachen. All die Kleinigkeiten wie Pullover, Handschuhe, Windjacke, Zeltbahn, Kochgeschirr, Feldflasche, Schuhputz-, Näh- und Waschzeug, Waffenöl, etwas Reservewäsche, Brot und anderem Proviant, Munition, muß man drin haben, denn der Troß ist froh, wenn er in dem schwierigen Gelände immer wieder genügend Munition und Verpflegung nachbringen kann. Wenn einmal besondere Schwierigkeiten sind (hier gibt es bereits in geringeren Höhen lange keine so guten und nicht so viele Wege wie in unseren Bergen), bleibt auch das Essen aus und man muß froh sein, wenn man noch Brot in Reserve hat und vom letzten Feldpostpackerl eine kleine Zukost. Aber all das wird Dir nun schlimmer erscheinen als es für uns ist – wir haben uns daran gewöhnt. - Du fragtes an, was Du mir besorgen sollst, ich zähle einige Notwendigkeiten auf, für die ich sehr dankbar wäre (nur was Du günstig beschaffen kannst – beileibe nicht alles !!): Einlaßsohlen (No.45), Schuhlitzen, Büchsenöffner, Feuerzeug, Briefpapier (Zusammenstlg. wie das letzte mal ist äußerst praktisch!), Taschenkalender für 43, Näh- u. Sicherheitsnadeln, Fingerhut. - Hoffentlich geht es Dir gesundheitlich gut? Dir und Baronesse die besten Grüße Dein Neffe Gottfried.

Tagebuch

10/11.10.42

Für 2 Tage müssen wir zum Schanzen in die Berge. Dort soll die Infanterie (unausgebildete Feldgendarmerie) in Stellung eingesetzt werden und wir sollen ihnen zum Bauen einige Einweisungen geben. Es ist aber so, dass wir allein schanzen, diese Burschen zeigen wenig Interesse und schicken nicht einmal rechtzeitig Einweiser; sie glauben, wir würden ihnen die fertigen Stellungen hinsetzen. Im übrigen sind sie voller Unlust und finden Schwierigkeiten über Schwierigkeiten, die für sie unüberwindlich wären. Das selbe Verhalten zeigen aber auch die Offiziere, ja diese machen das grösste Lamento. Mir kommt die Galle, das sollen deutsche Soldaten sein! Ein Schönes bringen mir die beiden Tage: wir steigen in den Bergen herum und ich bin glücklich darüber. Zugleich merke ich, dass mich das Steigen doch ziemlich anstrengt, man wird eben beim Barras steif und es fehlt das Training. Wie ich wieder hinunterkomme, marschiere ich frohgemut das Tal hinaus, ich denke zurück an manche Bergtour, wo ich ebenso das Tal zum Schluss hinausmarschierte, und freue mich. Im Quartier angekommen, liegt der Befehl vor, dass Oberleutnant Reimboldt die Kompanie übernimmt. Ich bin eigentlich darüber erleichtert.

12 – 15.10.42

Mit ihm ist ein gutes Auskommen, energisch nimmt er die Kompanie in die Hand. Ich wohne mit ihm zusammen und wir richten uns ein nettes Quartier ein. Mit mancher Umorganisation und Arbeit ist der Tag ausgefüllt, ich bekomme Post und schreibe wieder. Da kommt der Befehl Ausbilder zu stellen für eine Marineeinheit, die Infanterie-ausgebildet werden soll zum Stellungskrieg.

20.10.42

In endlos langer Fahrt kommen wir in das russische Bekeschewskaja kurz vor Tscherkesk, in welchem die Bevölkerung im Gegensatz zu den Kabardinen sehr nett ist. Es gibt dort auch Wald, die Häuser haben Holzfussboden, ordentliche Fensterstöcke usw. Das alles weiss aber die frisch nach Russland gekommene Truppe nicht zu würdigen, sie behaupten, dass in diesem wunderbaren Ort schlecht unterzukommen sei. Mit der Ausbildung gebe ich mir viel Mühe, die Leute machen auch gern mit, es sind bis auf Unteroffiziere und Offiziere lauter junge Kerle. Da sehen wir auch an Ausrüstung und Verpflegung und Motorisierung, dass die Infanterie bestimmt von allen Truppenteilen am schlechtesten dran ist. Wir sind zwar freundlich, aber ohne jede Form aufgenommen, die Offiziere hier haben keine richtige Form und um die elementarsten Dinge muss ich mich selbst kümmern (Quartier, Burschen usw.). Da hält eines Morgens – ich wollte wegen hohen Fiebers gerade im Bett liegen bleiben – ein LKW vor unserer Türe und der Fahrer sagt: ich soll Sie mitnehmen, das Batl. wird eingesetzt. Schnell wird Abschied genommen, man gibt uns eine reichliche Verpflegung mit und eine längere Fahrt bringt uns zunächst nach Pjatigorsk. Die Fahrt würde mir wie immer gut gefallen, hätte ich nicht hohes Fieber. In der Stadt erfahren wir von einem Batl.-Angehörigen, dass der Einsatz noch nicht kurz bevorsteht, worauf wir die Gelegenheit wahrnehmen, um zu baden: herrlich im heissen Bad zu sitzen. Bei der Kompanie werde ich vom Chef herzlich empfangen und bin froh, dass es noch nicht gleich weggeht.

21/22.10.42

Der Chef hält einen Abend für die Komp.-Chefs und am folgenden Tag für uns Komp.-Offiziere, der ungezwungen und nett ist, leider liege ich mit hohem Fieber ziemlich teilnahmslos im Bett. Ich freue mich aber trotzdem an der echten Art des frisch aus dem Urlaub zurückgekehrten Herrn Scholler, der mir immer mehr als wertvoller Kamerad erscheint, während ich mich über die Formlosigkeit und schlechte Erziehung (es fehlt ihm auch eine richtige Militärzeit!) von Herrn Hunglinger ärgere. Diesmal soll ich nicht bei der Frontkomp. den Angriff mitmachen, sondern die Staffel I nachführen und rücke mit ihr bereits einen Tag eher ab (die Gefechtskompanien werden mit LKW gefahren) nach Kupa Tapa zurück, unserem ehemaligen Quartiersort. In einem Nachtmarsch erreichen wir es.

23/24.10.42

Wie es allmählich dämmert, ist der Kaukasus in ganzer Breite wunderbar zu sehen. Eine mächtige Sehnsucht nach den Bergen

packt mich, Erinnerungen an alle möglichen schönen Touren
steigen auf, erst recht dann nochmals, wie ich am Tage (es ist
ein heller Sonntag, Spätsommer) mit dem Krad nach Baksan
fahre und noch einige male einen herrlichen Ausblick habe.

23.10.42.

Meine Lieben!

Diese Sendung ist für Onkel Paul zu Weihnachten gedacht – ich
glaube kaum, daß man zuhause genug Zigarren bekommt,
obwohl eigentlich ja gerade Ihr als Nichtraucher einigermaßen
versorgt sein müßtet. Sonst nichts Neues. Viele Grüße von
Euerm Gottfried.

Tagebuch

24.10.42

In Baksan selbst ist es sehr nett, obwohl es teilweise zerschossen
ist, aber der Herbst hat die Blätter verfärbt, die Sonne verschönt
und erwärmt jedes Mäuerchen, jedes auch dreckige Haus. Und
wie immer, wenn ich von der russischen Weite in ein enges
Idyll versetzt bin, das mich an die Heimat, an friedliche Arbeit
und geruhsames Leben erinnert, verfluche ich diesen Krieg, der
alles das raubt und überall die Idylle weg nimmt. In der Nacht

kommt die Komp. und wir marschieren nach Baksan vor, ich fahre voraus und erkunde Plätze für die Gefechtsstaffel. Es ärgert mich, dass ich keinen klaren Befehl bekomme, ob ich nun die Staffel I führen soll, oder ob ich zur Verfügung stehen soll, oder ob ich die Gefechtsstaffel in die Hand nehmen soll; wie beim Batl. üblich soll ich wahrscheinlich alles zusammen machen, um dann dumm angesehen zu werden, wenn ich irgendwo im geeigneten Augenblick gerade nicht bin. Gleichgültig haue ich mich in einem Haus zum Schlafen hin, kann aber nicht recht, denn mir ist im Magen verdammt schlecht, schon seit Tagen.

25.10.42

Die Morgensonne treibt mich heraus, ein herrlicher Tag und unsere Flieger sind auch schon tätig. Eine Staffel nach der anderen kommt und geht, ununterbrochen. Der Kaukasus ist herrlich. Punkt 8h geht ein unglaubliches Trommelfeuer los, dazwischen die Nebelwerfer mit ihrem Gezisch, ein Höllenlärm. Ich warte und warte den ganzen Vormittag auf den Befehl vom Adjutanten, der nach mir schicken wird, wie er sagte, aber natürlich kommt nichts. Da fahre ich selbst auf dem Krad nach, komme aber damit nicht weit, weil über den Baksan keine Brücke fertig ist. Da fahre ich einfach mit einem Schlepper von den Nebelwerfern mit und stelle wieder einmal fest, wie gemütlich es alle Artillerie im Gegensatz zu uns hat: ihre Gefechtsteile sind dort, wo bei uns der Tross ist. Leider geht es nur langsam vorwärts und erst gegen Dämmerung bin ich beim

Bataillon in Tschegem. Dieses kam über den Baksan ohne Schwierigkeiten hinweg, der Hauptwiederstand der Russen war aber erst wie üblich weiter hinten, hier am Fluss Tschegem, wo natürlich wieder einmal keine Artillerie-Unterstützung usw. mehr da war. Manche Ausfälle hat das Bataillon. Die Nacht verbringe ich in einem zerschossenen Haus, in das der Wind rein- und hinauszieht. Mich friert ordentlich in meinen nassen Hosen, die bis zu den Hosentaschen vom Durchwaten des Tschegem tropfnass sind. Da kriecht noch ein verwundeter Russe herein, der immer noch herumläuft, obwohl ihm Oberschenkel und Hoden zerschossen wurden. Es ist unglaublich wie zäh die Burschen sind.

25.10.42.

Meine Lieben!

Heute weiß ich tatsächlich nicht was ich schreiben soll, und Zweck meines Briefes ist auch tatsächlich nur die Zulassungsmarke zu schicken, die ja wohl die „Weihnachtspäckchen" sein wird. Gertrud, die mir auf Kosten von Karl ein 1kg Pkt. schickte, lasse ich nun ruhig ein Wenig sitzen, damit sie nicht gleich nochmal so eine Dummheit macht (sie hat mir nämlich wieder so kostbaren Schoko geschickt, der doch bei ihr gerade jetzt und schließlich auch bei Irmi besser angebracht wäre!). Meckern könnte ich ja genug, aber da fürchte ich, Ihr nehmt das alles viel zu genau und glaubt mir alten Kritikaster aufs Wort. Ich war nämlich zur Ausbildung (ich die anderen, nicht umgekehrt) bei einem anderen Truppenteil und sah wieder einmal, daß wir Infanteristen eben stets die armen Teufel sind. Dabei wird aber immerhin seit mehr als einem Jahr von der alleinigen Leistung der Inft. gesprochen. - - - - Schadenfreude haben wir jetzt, daß versch. rückwärtige Truppenteile (Feldgendarmerie usw.) die noch nie einen bewaffneten Russen lebendig sahen, auch in Stellung eingesetzt werden; natürlich schon so, daß nichts passieren kann. Eine Lust zeigen diese Burschen (Mannsch. wie Offz.), ich würde mich schämen ! Da geht nichts über die Fronttruppe! Und dabei geht es diesen Herren je weiter hinten umso besser, nicht nur in den Dingen, die selbstverständlich sind u. wo niemand etwas dabei findet, wie etwas Quartier usw., sondern gerade in solchen Dingen, auf die eigentlich in 1. Linie der Inft. Anspruch hätte! Genug. Herzliche Grüße von Eurem Gottfried.

Tagebuch

26.10.42

Am Morgen muss ich die 5.Kp. übernehmen, da Leutnant Kögler verwundet ist. Dieser Haufen macht mir ja wenig Spass und ich weiss auch darüber verdammt wenig Bescheid. Den ganzen Tag über geht es im Ort hin und her; obwohl die Rumänen weiter angegriffen hatten, haben sich eine Menge Russen noch im Ort versteckt und müssen ausgeräuchert werden.

27.10.42

Dann aber nehmen wir Quartier in Tschegem und haben auch am folgenden Tag nichts mehr zu tun, sind Korps-Reserve. Da entdeckt der Batl.Arzt, dass ich Gelbsucht habe. Und der Kommandeur schickt mich ins Lazarett.

28/29.10.42

Mit dem Krad fahre ich vormittags zurück, will zunächst zum Mot.Tross, treffe ich aber nicht, da der schon weiter gefahren ist. Da schicke ich den Fahrer zum Hauptverbandsplatz, dass er gleich Oberleutnant Wallisch abholen kann; nur damit er bei diesem pünktlich erscheint, warte ich. Auf dem Rückweg (d.h. Richtung Mot.Tross) kommt er aber nicht mich mitzunehmen und ich bekomme eine Sauwut auf Wallisch, der sich wieder einmal wie immer ungehobelt benimmt. Ich bin auf vorbeifahrende Autos angewiesen und muss unzählige male winken, bis mich ein Rumäne mit nimmt. Beim Mot.Tross, den ich zufällig gleich finde, regle ich meine Sachen und bekomme dann zum Hauptverbandsplatz einen prima Personenwagen, der mich in feiner Fahrt mit nimmt. Mich alten Marschierer freut das schnelle, geruhsame Fahren immer. Vom Hauptverbandsplatz Malka, der im schönen Gestüt untergebracht ist, werde ich nach kurzer Registrierung und guter Verpflegung noch in der Nacht nach Pjatigorsk gefahren, von dort geht's gleich am nächsten Morgen nach Kisslowodsk in ein Komp.-Lazarett, das im Intourist-Hotel untergebracht ist.

Noch kaum angekommen, bringt mir auch schon eine Schwester ein paar Keks und Kompott, dann ist ein Bad hergerichtet, weisse Wäsche, überzogenes Bett – ich komme mir unwirklich vor. Aber sehr schnell hat sich der müde Corpus an diese Wirklichkeit gewöhnt und während ich anfangs nach dem ersten tiefen Schlaf nicht mehr richtig schlafen kann, weil ich eben nicht müde bin, ist es zum Schluss so, dass ich die ganze Nacht hindurch schlafe, Vormittags kurze Zeit und nachmittags auch nach dem Essen.

31.10.42.

Liebe Tante!

Wenn ich Dir heute nur eine Karte schreibe, darfst Du nicht beleidigt sein, denn ich liege seit gestern in einem Lazarett im Bett und kann einmal im Liegen nur schlecht schreiben und zum andermal treibe ich bei der vielen im Augenblick abgegebenen Post nicht genug Briefpapier auf. - Nun, keine Angst – ich bin nicht etwa verwundet, sondern habe nur eine dumme Krankheit, die mich hier festhält: Gelbsucht. Manchmal meine ich, daß ich unberechtigterweise geruhsam hierliegen würde, nachdem doch ein Lazarett eigentlich für Verwundete ist, aber schließlich ist die Gelbsucht nur eine Folge des Lebens hier heraußen. Wir sind in einem Hotel in einem der schönsten nordkaukasischen Kurorte gut untergebracht. Dieser Ort war ehemals nur für sowjetische Bonzen, auch Stalin hatte ein pompöses Haus hier, die Hotels können sich einigermaßen mit unseren vergleichen. Die Verpflegung ist ausgezeichnet, die Diät mit vielen Süßigkeiten ganz nach meinem Geschmack. Und der krasse Unterschied zwischen Frontleben (2 Tage lang macht ich gerade wieder einen Angriff mit) und der Bedienung hier: Bett, weiße frische Wäsche, Teller, fließend Wasser, Bad – alles sagenhafte Dinge! - Ein Nachteil: Post bekomme ich hier nicht, aber Dein Päckchen mit den prima Bonbon ist noch recht gekommen vor dem Angriff. Bis in 2-3 Wochen hoffe ich wieder gesund bei der Truppe zu sein. Dir, liebe Tante, viel herzliche Grüße! Gottfried.

2.11.42.

Lieber Vater!

Auf Deinen lieben Brief vom 5.10. heute kurz Antwort. Zunächst Geldsache: Selbstredend bin ich unter diesen Umständen mit Deinem Vorschlag einverstanden, 3%, Abzahlung aber erst später, wenn ich es brauche bzw. wenn [?] abgezahlt ist – das hat Zeit. Über das EK im Brief zu schreiben ist schlecht möglich, nur soviel: Man wollte es mir zum Erstenmal nach Charkow geben, es hat aber doch wegen zu kurzer Zeit bei der Truppe nicht ganz gelangt u. da wartete man dann auf die nächste Möglichkeit, die sich bei den leider nicht glücklichen Kämpfen des Batl. im Baksantal ergab, an die ich nicht gern zurückdenke und von denen ich auch kaum etwas schrieb. Inzwischen hatten wir am Baksan mehr Erfolg, ich glaube unser Batl. ist im Zusammenhang mit Naltschik in den Ergänzungen zum W-Bericht genannt worden. Ich war leider nur die ersten 2 Tage dabei. Der Garten daheim interessiert mich immer, ich würde zu gern einmal wieder darin arbeiten. Schicke bitte ein Gartenbaubuch (Bothner od. Lukas), ich beschäftige mich gern damit! Hrzl. Grüße! Gottfried.

5.11.42.

Meine Lieben!

Ich will gar nicht lange herumreden und etwas beschönigen, der wahre Grund meiner heutigen Briefe ist die Absendung der Päckchenmarken. Ich bekam nämlich gestern 8 Stück für Weihnachten und diese müssen ja schnell nachhause kommen, sollen sie rechtzeitig verwendet werden können. Euch habe ich ja schon 2 geschickt, die von Okt. stammten, von diesen schickt bitte 1 an Lisl und wer sonst noch eine anfordern sollte (an Sie selber kann ich nicht schicken, um sie rechtzeitig eintreffen zu lassen.), die übrigen hebt auf, bestimmt fällt mir über kurz oder lang wieder irgend ein Wunsch ein, zu dem ich sie dann brauche ! Man kann ja jetzt praktischerweise 2kg schicken mit 2 Marken auf einmal ! Im Übrigen haben diese

Zulassungsmarken einen Haken, man kann nämlich nicht ohne weiteres an jedermann eine Marke schicken, von dem sonst hin und wieder ein Päckchen gekommen ist, das wäre so gewissermaßen der Wink mit dem Zaunpfahl, der im Allgemeinen nicht gerade vornehm wirkt. Aber schließlich hängt ja die Schönheit von Weihnachten nicht an der Zahl der eingetroffenen Liebespakete, sonst müßte das Fest 1940 in Frankreich mit seiner damaligen Rekordzahl ewig das schönste bleiben. Dem wird nicht so sein – und jetzt Schluß mit dem höchst materialistischen und egoistischen Gefasel darüber ! – Mir hier geht es bereits wieder besser, ich denke bis in 1-2 Wochen entlassen werden zu können. Die strenge Diät (Weizenbrot, Reis, Hafer, Nudeln, Gemüse, alles ohne Salz, ohne Fett gekocht, Brei nicht in Milch, sondern Wasser u. dgl. ..) hilft nicht nur für die Gelbsucht, sondern endlich auch meinem Magen. Ich glaube, daß ich am besten daheim einmal auch eine gewisse Diät einhalte, um meinen Magen endgültig aufzuhelfen. Leider bin ich von der Außenwelt ziemlich abgeschnitten, keine Post, keine Zeitungen, kein Radio. Man ist zur absoluten Ruhe verdammt. Nun Euch allen daheim ein recht lieben Gruß Euer Gottfried.

5.11.42.

Liebe Tante!

Heute will ich einmal mit einem längeren Brief Versäumtes nachholen; nachdem ich nämlich den ganzen Tag im Bett liegen muß und nichts zu tun habe, bildet das Schreiben eine angenehme Abwechslung im Gegensatz zu den Zeiten im Einsatz, wo man nur schlecht sich Zeit und Gelegenheit dazu nehmen kann. Als Infanterist (ein Gebirgsjäger ist ja praktisch nichts anderes als Infanterist im Gebirge) ist man bestimmt bei demjenigen Truppenteil, das während eines Einsatzes am meisten angespannt ist und ununterbrochen direkt am Feind liegt. Man braucht im Vergleich nur an die Flieger zu denken, die ihr befohlenes Ziel anfliegen, ihre Bomben abwerfen und dann in ihren Flugplatz zurückkehren, dort übernimmt das Bodenpersonal die Maschine, sie selbst haben wieder die Bequemlichkeiten, die weiter rückwärts der Front ohne weiteres geboten werden können. Der Infanterist aber, der vielleicht den ganzen Tag über angegriffen hat, dabei viele Kilometer marschiert oder gelaufen ist, müde und hungrig nun von der Dunkelheit aufgehalten wird, muß sich ein Deckungsloch gegen Granatsplitter graben, wenn er Glück hat gibt es in der Nähe Stroh um sich eine etwas weichere und vor allem wärmere Unterlage zu schaffen, als Zudecke hat er nur seine Zeltbahn, die er den ganzen Tag mittragen mußte, und jetzt kann er nur hoffen, daß es nicht regnet, sonst ist er am Morgen durch und durch naß, daß die Feldküche mit warmen Essen kommt, daß ihn das Postenstehen oder Munitionsvorholen nicht zu lange trifft, und vor allem, daß der Russe nicht angreift, sonst ist es mit der Nachtruhe sowieso

vorbei. Und das nun mehrere Tage – vielleicht wochenlang. –
So, nun aber kein längeres Lamento, augenblicklich merke ich
von all dem nichts und habe mich sicher bald erholt, die Pflege
ist hier ausgezeichnet. Dir, liebe Tante, recht viele herzliche
Grüße von Deinem Neffen Gottfried. Ich schicke Dir eine P.-
Marke mit, nicht etwa damit Du noch mehr schicken sollst,
sondern damit Du die vielen, lieben kleinen Päckchen
bequemer in einem großen verpacken kannst!

Tagebuch

November 1942

Die Gelbsucht nimmt mich immer mehr mit, ich werde nicht
nur immer gelber, sondern auch immer müder und schlapper;
im Bett fühle ich mich ganz wohl, stehe ich aber z.B. zum
Rasieren auf, bin ich zu Tode froh, wenn ich fertig bin und mich
wieder ins Bett werfen kann und die viele Zeit verstreicht fast
ganz unnütz, anfangs habe ich einige Briefe zu schreiben und
dann werden nur noch krampfhaft Bücher durchgepeitscht, ob
interessant oder uninteressant. Nur wenige Bücher geben mir
wirklich etwas, so Ludwig Thom's Lebens- erinnerungen und
Otto Julius Bierbaum's Yankeedoodle-Fahrt, Wehner's
Struensee ist geschichtlich bildend, aber die grösste Zahl der
Bücher ist vergessen, wie sie gelesen wurde. Neben mir liegt ein

Hauptmann, 48 Jahre, aber er stellt sich so alt, dass er um 20 Jahre älter sein könnte. Als er schon längst gesund ist, erfindet er immer neue Krankheiten und Übelkeiten, nur dass er nicht so schnell entlassen wird. Sein geistiges Niveau erscheint mir ebenfalls bereits durch Alter verkümmert, oder aber wegen Faulheit noch nie richtig entwickelt und kindisch geblieben. Dabei ist er der Gebiets-Landwirtschaftsführer für den Kreis um Pjatigorsk und hat ein Gebiet unter sich, so gross wie Bayern und Württemberg zusammen! Da wundert es mich nicht, dass dieses La-Fü-Gesindel nichts zuwege bringt und unendlich Vieles verkommt. Ein Rückfall wirft mich nochmal eine Woche aufs Bett und dann bin ich aber endgültig soweit; zunächst darf ich einigemale ausgehen. Wie ein Kind freue ich mich über die Wälder, die zwar klein, aber doch ähnlich wie daheim rund um Kisslowodsk angepflanzt sind. Irgendwie im Innern ergriffen stehe ich da, als die Sonne einmal mit Abendgold einen Höhenrücken beleuchtet und alle Farben vom dunklen Rostbraun und Siennabraun bis zum Hellgelb der Lehmfelsen unendlich warm erscheinen lässt. Ein hervorstechend tiefblauer, frischfarbiger Himmel mit weissen Wolkenfetzen steht im kalten Gegensatz dazu. - Himmel, ist die Natur schön! Auch das düstere Grau eines Schneehimmels über den wenig verschneiten Vorbergen, die kalt und freudlos herüberschauen, packt mich; dem dunkelblauen Abendschatten von grauschwarzen, kahlen, Laubbäumen auf weissem Schneefeld gegen fahlen, schnell dunkel werdenden Himmel kann ich lang entgegenschauen, aufgewühlt im Innern, mit drängendem Herzen. -

Die riesigen Sanatorien hier sind echt sowjetisch gebaut: grossartiges Äusseres, obwohl schon wieder der Verputz abfällt, so schlecht ist alles gemacht. Auch in unserem Intourist-Hotel sieht man das Russische: pomphafte Innen- und Aussengestaltung, teilweise sogar mit etwas Geschmack, zum grösseren Teil allerdings furchtbar, im krassen Widerspruch dazu die sanitären Verhältnisse, Kleinigkeiten vollkommen ungenügend, wie z.B. Lichtschalter, Türen, Türklinken, Fenster- und Türrahmen miserabel gemacht usw.. Das grösste Gebäude ist architektonisch am greulichsten: glatte Kästen, in denen die nach innen gehenden Balkone sich wie Höhlen ausnehmen, Wohnhöhlen – wieder bei der niedrigsten Kulturstufe des Wohnens angekommen. Meine Gedanken kreisen mit dem allgemeinen Kulturrückgang, überall ist die westliche, jüdisch beeinflusste Kultur wieder auf ihre Ursprünge zurückgegangen, in der Musik auf das Geräusch, den Jazz (hauptsächlich die Trommel), in der Baukunst auf Wohnfelsen ohne Durchgestaltung des Materials, in der Malerei auf Farbkleckse (Kubismus usw.), in der Dichtkunst zum einfachsten Sprechen, dem Aneinanderreihen von Wörtern (Dadaismus), in der Schrift schliesslich befiehlt sogar der Führererlass die Rückführung auf die gemalte lateinische Schrift; nicht mehr die geschriebene ist gültig. Zweifel befallen mich: ist es notwendig, dass wir nochmal bei der Trommel anfangen oder beim grauenvoll quäkenden Saxophon, um zum herrlichen Ton des Cellos zu kommen, ihn zu übertreffen, müssen wir nochmal bei der Musik beginnen, die nur dem Tanze dient, dem Tanzrhythmus, um vielleicht die himmelhohe und himmelreine Musik einer Beethovenschen Symphonie zu übertreffen, müssen wir wieder beim roten Farbenklecks anfangen, um der Farbenpracht eines Tizian gleich zukommen? Ich kann es nicht glauben. Für mich sind diese neuen Arten von Kunstverirrungen keine Weiterentwicklung, ein ungesunder Auswuchs. Über eines kann ich mich masslos ärgern und immer schimpfen: die rückwärtigen Dienste beanspruchen viel zu viel Leute, keiner tut etwas, will etwas tun. Was sich da an Offizieren, Unteroffizieren mit je 1 -2 Burschen, Hilfsschreibern usw. herumdrückt, ist ein Skandal. Jeder natürlich auf den Lippen: ich kann mich melden, wo ich will, ich komme nicht an die Front. - An langen Abenden spreche ich mit Lotterer Ernst, der zufällig im gleichen Lazarett ist, meinen Ärger darüber weg. Und etwas finde ich wieder bestätigt: die Infanterie ist am ärmsten dran. Für sämtliche andere Offiziere, die bei mir auf dem Zimmer liegen, wird die Post hergebracht (für einen fährt sogar eigens alle 5 Tage ein PKW etwas 150 km einfach, um die paar Briefe und wenigen Päckchen zu befördern), haben ihren PKW, der sie abholt bzw. eigens hergebracht hat, - um uns kümmert sich niemand, obwohl vom Bataillon bestimmt 50 Leute hier in Kisslowodsk liegen. „Die Infanterie – die Königin aller Waffen !"

25.11.42.

Liebe Mutter!

Heute habe ich auf meinem Spaziergang durch die Stadt – meinem ersten wieder nach der Krankheit – Wachskerzen entdeckt, die an Weihnachten daheim schön brennen und duften sollen. Ich selbst habe mir auch welche behalten, weil sie nämlich gut riechen und nicht tropfen, die ersten Kerzen, die ich kenne und nicht tropfen. Allerdings brennen sie auch nicht lange, 1 ½ Stunden. Das wird sowieso heuer mein einziges Christkindl sein, das ich unter den Baum zu legen habe, wenn nicht (wie ich schwer hoffe!) Gertrud einige Besorgungen in meinem Namen gemacht hat (wegen der langen Unterbrechung im Briefwechsel jetzt, weiß ich überhaupt nicht mehr Bescheid. Sind die 2 P. Kinderschuhe, die Wolle f. Lisl, einmal mit Wäsche von mir, angekommen ?). Wenn ich gewußt hätte, daß ich solange hier liege, hättet Ihr mir schließlich mit Luftpost hierherschreiben können, hier braucht die Post nicht solange, wie bei der Truppe. Nun hoffe ich aber endgültig in etwa einer Woche entlassen zu werden. Und dann muß ein ganzer Haufen Post für mich bei der Kp. liegen – wenn es nicht verloren gegangen ist; es war nämlich in der Zwischenzeit wieder einmal ein kleines Durcheinander. Eine Bitte habe ich: Schicke mir bitte das dicke Flanell-Hemd, weiß mit blauen Karos („Witt, Weiden"). Es ist jetzt angenehm warm (1 habe ich heraußen). Ich schicke dafür ein anderes heim, zum Ausbessern. Günstigerweise kann ich heraußen alle alte Wäsche ganz auftragen. Wäre es übrigens möglich, die hellen Hemden dunkel zu färben ? Bei uns hier ist das Wetter immer noch nicht besonders kalt, es wird ja hier überhaupt nicht so sehr kalt, wir sind immerhin etwa auf der Breite Norditaliens. Hoffentlich habt auch Ihr einen einigermaßen milden Winter ! Wie steht es eigentlich heuer mit der Kohlenversorgung ? So, nun Dir liebe

Mutter wie allen anderen daheim recht liebe Grüße, bereits weihnachtlich angehaucht von Deinem Sohn Gottfried.

25.11.42.

Liebe Mutter!

Wie wir daheim noch Kinder waren, ist der Geburtstag eines jeden von uns mit viel Aufwand gefeiert worden, und ich glaube, daß die Vorfreude darauf kaum kleiner war als etwa auf Weihnachten oder Ostern. Diese Äußerlichkeiten, die eben für Kinder berechnet und dort berechtigt waren, sind in den letzten Jahren immer mehr eingeschränkt worden, im Augenblick zwingt vielleicht der Krieg sogar dazu, den obligatorischen runden Kuchen aufzugeben. Trotzdem aber soll Deine Freude, liebe Mutter, an Deinem Festtag nicht kleiner wie immer sein; und ich weiß auch genau, daß Du auf Äußerlichkeiten nicht viel hältst und daher leicht auf sie verzichten kannst. Umso inniger wünsche ich Dir daher heute alles Gute, in erster Linie Deine Gesundheit und Deinen steten Lebensmut! Ich hoffe, daß durch den weiten Weg, den meine Wünsche machen, sie nicht schwächer werden, sondern an Kraft zunehmen. Dein Gopf.

Am 1. Advent 1942*

Liebe Tante Luise!

Draußen ist gestern zum Erstenmal Schnee gefallen, wie zur Bekräftigung der Adventszeit, und jetzt liegt alles weiß da; es fehlen nur die Tannenbäume, der Wald in der Landschaft, dann könnte man sich wie uns fühlen. Hier im östlichen Kaukasus gibt es nämlich im Gegensatz zum Westen kaum Wald. - „Draußen" schreibe ich, denn ich selbst liege im Zimmer eines Lazarettes, Mutter wird Dir bestimmt schon erzählt haben, daß ich mit Gelbsucht hier bin, nun aber schon fast gesund. Beim langen Liegen habe ich Zeit an das nahende Weihnachten zu denken, das ja daheim immer das schönste Fest war. Dieses recht innerlich und froh zu erleben wünscht Dir und Baronesse Dein Neffe Gottfried. (* 1. Advent 1942: Sonntag, 29. November)

Am 1. Advent 1942

Liebe Lisl!

Gestern hat es hier geschneit und die Schwestern vom Lazarett hängten heute Adventskränze auf (daß ich seit 4 Wochen mit Gelbsucht im Lazarett liege, wirst Du sicher von daheim erfahren haben), da kommen weihnachtliche Gedanken. Und hier habe ich auch Zeit ihnen nachzuhängen, nun, bis zu einem friedlichen Fest wird es noch lange dauern. Trotzdem – auch ein

Feldweihnachten kann sehr schön sein. Es kommt dabei ja nicht so sehr auf die äußeren Umstände an, als vielmehr auf die innere Einstellung – und die ist bei uns Deutschen bestimmt da. Aber freuen würde man sich, es einmal wieder wie in alten Zeiten zu feiern. Nun – auch das wird wieder kommen. Dir, liebe Lisl, wünsche ich ein recht frohes Fest, feiere es unbeschwert und innerlich wie stets! Dein Bruder Gottfried.

30.11.42.

Liebe Tante Paula!

Meine Gelbsucht hat sich länger hinausgezogen, als ich anfangs annahm und ich liege noch immer im Lazarett, bin aber nun soweit, daß ich in wenigen Tagen entlassen werden kann. Hier haben sich die Schwestern zum Advent Mühe gegeben, Kränze gebunden, mit Zweigen die Zimmer geschmückt, so daß alles etwas weihnachtlich aussieht und Erinnerungen an frohe Feiertag kommen. Draußen bei der Truppe ist es ja nicht so ruhig, trotzdem hoffe ich, daß wir ein stimmungsvolles Weihnachten feiern können. Dies wünsche ich auch Dir, liebe Tante, von ganzem Herzen; ein frohes innerliches Fest! Wie geht es Dir eigentlich gesundheitlich, schreibe mir doch bitte hin und wieder auf Deinen lieben Karten auch ein wenig von Dir; im allgemeinen erkundigst Du Dich immer nur nach meinem Befinden! Nun recht herzliche, liebe Grüße von Deinem Neffen Gottfried.

2.12.42.

Lieber Onkel Paul!

Schon lange wollte ich Dir wieder einmal einen kleinen Bericht geben, was hier bei mir los war, aber zum Schreiben kommt man eben nur schwer. Jetzt aber habe ich genug Zeit, ich habe nämlich Gelbsucht bekommen und liege untätig im Lazarett. Wie Du ja von zuhause sicher schon erfahren haben wirst, bin ich im Kaukasus und hier, oder vielmehr im Vorgelände ist eine richtige Brutstätte von allen möglichen Krankheiten wie z.B. Malaria, Typhus, Fleckfieber, und was es da noch Schönes mehr gibt, wie eben Gelbsucht, die hier ansteckend auftritt (die Mohammedaner, die hier als die ansässigen Bergvölker auftreten, essen nicht umsonst kein Schweinefleisch!). Diese Krankheiten gibt es alle in vielen Formen, von denen unsere Ärzte meist keine Ahnung haben, weil es die bei uns nicht gibt, sondern oft nur im hiesigen Gebiet. Beim Pappataci-Fieber beispielsweise kennen die Russen 16 Arten, während wir damit überhaupt noch keine Erfahrung haben usw. Dabei sind wir Deutsche solchen Krankheiten gegenüber im Allgemeinen viel anfälliger – ganz natürlich – wie die Bevölkerung von hier. Wenn man so verschiedenen Kleinigkeiten weiß, die nicht gerade im Wehrmachtsbericht stehen, dann versteht man schließlich auch daheim, daß die Schwierigkeiten mit der Entfernung von Deutschland wachsen, und versteht, daß wir nicht endlos weiter siegen können, auch wenn Führer und Truppe gleich tüchtig bleiben, daß Rückschläge kommen und daß wir schließlich einmal Halt machen müssen, wahrscheinlich schon sehr bald. Da ist dann nicht irgendein General, der etwa Dummheiten gemacht hätte, schuld, sondern eben die Umstände und wer einigen Einblick hat, kann die meisten auftauchenden Gerüchte gleich als solche erkennen und abtun. Ja – ich wollte Dir aber doch von hier berichten. Also, der Kaukasus ist als Gebirge noch um einiges schöner wie unsere Alpen, er ist steiler aufragend, zerklüfteter, viel unberührter und daher romantischer. Raubvögel gibt es noch massenhaft, das Adlerschießen ist jetzt verboten worden, weil jeder Simpl glaubte, er müsse auch eine Trophäe heimtragen. In unserem Regiment sind sogar noch 2 Bären geschossen worden. Schade ist nur, daß – je weiter man nach Osten kommt – umso weniger Wald ist; hier bereits ist er selten. Im Westkaukasus allerdings soll er wunderbar sein, der reinste Urwald. Diese Bergvölker sind mehrere meist nur kleine Stämme. „Freiheitsliebend" sagt man, meines Erachtens nach wollen sie nur keine Steuern zahlen, sie sind unglaublich geizig, unsere Bauern sind dagegen direkt freigebig. Anfangs zwar ist man gut aufgenommen, weil sie ihrer Religion nach als Mohammedaner gastlich sein müssen, ist man aber erst einmal einige Zeit einquartiert, werden sie immer ekelhafter, unfreundlicher, stehlen ganz frech. Uns allen waren die Ukrainer und Russen überhaupt als Quartiergeber viel lieber. Sie haben nur einen Vorteil diesen gegenüber, und deswegen werden sie so zahm behandelt: Partisanen können sich nicht gut halten, denn den Bolschewisten waren sie feind (siehe: Steuern), die Männer arbeiten nicht viel (die Frauen nicht viel mehr), sondern Freude macht ihnen nur, wenn sie mit einer Flinte auf dem Rücken in der Gegend herumreiten können. Das nützen wir aus und lassen sie in Mengen als Polizei und Streifen Soldaten spielen. Arbeiten brauchen sie ja auch nicht viel, Viehwirtschaft macht ja an und für sich nicht viel Arbeit (sie ist die Haupteinnahme hier; Rinder, Schafe und auch Pferde), und was sie sonst noch brauchen, bringt der fruchtbare Boden leicht hervor, klimatisch ist das Land nur insofern schlecht dran, weil der Sommer sehr kurz ist, wie überall in Rußland, sonst liegt es ja bereits etwa auf der Breite von Norditalien (im Sommer haben wir es richtig gemerkt; eine noch nicht gekannte Hitze). Von ihrem Islam merken wir vor allem, daß sie sich keine Schweine halten, die unserer Feldküche sehr abgehen, sonst nicht viel. Man darf natürlich nicht ihren Gebetsteppich als Decke benutzen oder in ihrem Geschirr Schweinefleisch kochen, dann ist es verdorben und aus mit ihrer Freundschaft. Die Kameraden lachten anfangs über den Gebetsrufer, der von einem Turm 3 mal am Tag mit einem jämmerlichen Geheul zum Gebet ruft; ich aber finde, daß das nicht viel anders ist als unser katholischer „Engel des Herrn", bei dem 3 mal täglich die Glocken läuten, im Orient sind sie halt zu arm oder zu ungeschickt um Glocken zu gießen und machen dies jetzt mit ihrer Stimme. – Nun hoffe ich, daß Du ein kleines Bild von den hiesigen Zuständen bekommen hast. Wie geht es Dir, Tante Tessie und Brigitte? Laßt doch bitte bei Gelegenheit wieder hören! Einen Enzian von den Bergen schicke ich mit, ebenso wie meine herzlichsten Wünsche für ein frohes Weihnachtsfest, feiert es möglichst stimmungsvoll! Dein Gottfried.

Tagebuch

5/6.12.42

Mittags komme ich endlich gesund heraus, nachdem ich mich überall verabschiedet habe. Der Abschied von den Schwestern war wirklich herzlich, für die Stationsschwester (Leonia Optalnek 44558) besorgte ich einige Blumen. Die Besorgung hatte mich einen harten Kampf gekostet, ich merkte wieder einmal, dass Hartnäckigkeit stets zum Ziel führt und freute mich dann über meinen Erfolg. Dann geht's nach Pjatigorsk zurück, dort treffe ich Leutnant Bohlinger, der berichtet, dass Wunschik gefallen sei. Mit dem gemeinsam zu verbringenden Urlaub wird es also nichts. In einer Konditorei essen wir Torten für 5 M! Die Unverschämtheit der Russen dort hat keine Grenzen.
Über Naltschik geht's nach Argudan, wo der Mot.Tross liegt und einstweilen bleibt, da die Komp. hierher zurückkommen soll.

6.12.42. (Mutters Geburtstag)

Meine Lieben alle!

Gerade bin ich – gesund – bei der Kp., d.h. beim Troß angekommen und man hat mir eine Menge Post in die Hand gedrückt. Leider haben sie einiges ans Laz. geschickt, was mich nicht traf und nun herumirren wird. Von Euch hat mich letztlich das Briefpapier (äußerst dringend!) mit Mutters lieben Brief erreicht, recht vielen Dank! Das ist schon recht dumm mit der Wolle, ich glaubte, daß Lisl nicht viel damit anfangen könnte u. nützte beste Gelegenheiten nicht aus, jetzt tu ich mich hart; aber ich schicke schon noch welche! Dunkle hätte ich sogar noch leichter bekommen. Vater recht herzl. Dank für die Besorgung der Bilder! Schöhrer W. traf ich heuer im Sommer mehreremale, er war ja in der gleichen Div.; wir haben uns den einen Abend einmal ausgezeichnet unterhalten. - Keine Angst in Bez. auf Kälte, wir haben beste Winterbekleidung! - Mit den Weihnachtsgrüßen wollte ich eigens auf Eure Post b.d.Kp. warten, dafür sollen sie jetzt Euch umso inniger erreichen! Euch daheim ein frohes, stimmungsvolles Fest wie wir es immer feierten! Euer Gopf.

Tagebuch

7.12.42

Eine Unmenge Post empfängt mich, die ich günstig gleich an diesem und folgenden Tag beantworten kann. Ein Brief von Frau Schedler ist dabei, der mir unendlich viel gibt, denn sie fasst den Tod ihres Mannes trotz allem Schweren, das er für sie bringt (sie wird ein Kind von ihm bekommen und steht nun allein) richtig auf und ringt sich zu dem Wort auf (ihr Mann schrieb es ihr einmal ins Tagebuch): „Lebe droben, oh Vaterland, und zähle nicht der Toten! Dir ist, Liebes, nicht einer zuviel gefallen."

7.12.42.

Liebe Tante Paula!

Endlich hat sich meine müde Gestalt aufgerafft und der Gelbsucht Lebewohl gesagt: seit gestern bin ich wieder bei der Kompanie. Um mir das Eingewöhnen zu erleichtern hatte man einen ganzen Berg Post für mich „aufgeschichtet", der mich hier erwartete. Einen ganzen Berg – obwohl in der Zwischenzeit hier ein Wenig ein Durcheinander war und einiges verloren ging *. Deine Sendungen bildeten bei dem Berg das solide Fundament mit nicht weniger als 3 Kartengrüßen und 5 Päckchen. Also recht herzlichen Dank! Die Karten stammen vom 13.10., 22.10. und 16.11., die Päckchen waren Nr. 7, 9, 10, eines mit 6 wunderhübschen, weißen Kerzen ohne Nr. und einem mit Blätzerln und Bonbons, bei dem die Nr. verwischt war. Woher bekommst Du nur immer den feinen Inhalt, entbehrst Du diese Sachen nicht selbst zu sehr ? So reichlich ist doch daheim Zucker, Butter, Mehl nicht mehr ? Nun habe ich Dir noch dazu eine 1kg-Zulassungsmarke geschickt, da wirst Du Dich hoffentlich nicht all Deiner Kostbarkeiten berauben. - Hier heraußen ist es noch immer nicht übermäßig kalt, zwar gefroren und etwas Schnee, aber nicht diese Kälte, wie man sie sich von Rußland vorstellt. Nun ja – wir sind ja auch im wärmeren Teil, wir liegen etwa auf der Breite von Norditalien. Die Kameraden allerdings, die im Hochgebirge eingesetzt sind „erzählen" von mehreren Metern Schnee und ordentlicher Kälte. Sie sind auch ausgezeichnet ausgerüstet, wir haben übrigens auch guten Kälteschutz. Landschaftlich wäre es hier wunderbar, der wildgezackte und nun tief verschneite Kaukasus gibt einen herrlichen Hintergrund zu jedem Ausblick. Leider kann man es nicht recht genießen, denn bei unserem „Handwerk" ist das Gelände nicht herrliche Natur, sondern ein taktischer Faktor und statt die Schönheiten zu sehen achtet man in erster Linie auf die Vorteile und Nachteile, die sich bieten. - Dir, liebe Tante, alle lieben Grüße, zum Jahr 1943 meine besten Wünsche, die Du bitte auch in meinem Namen an Ehrwürden Mater Oberin weitergeben willst ! Dein Neffe Gottfried. * die Feldpost ist nicht Schuld

7.12.42.

Liebe Tante Luise!

Jetzt hat sich endlich mein müder Corpus eines besseren besonnen und seine Gelbsucht abgelegt; seit gestern bin ich wieder bei der Kompanie. Na, da hatte sich in der Zwischenzeit eine Menge Post gesammelt, obwohl einmal ein ziemlicher Verhau los war und einiges verloren ging. Von Dir waren 3 Packerln mit dabei und ich danke Dir vielmals; 2 P. Einlegsohlen, Briefpapier – äußerst praktische Sachen ! 2 scheinen demnach verloren zu sein (27.X.), Du schreibst von Dosenöffner etc. Nun, da kann man nichts machen, ist halt Krieg und da kommt sowas vor. Aber über Deine Sachen, die Dir bestimmt eine Masse Laufereien gemacht haben, habe ich mich wirklich riesig gefreut ! Dir, liebe Tante, und Baronese recht herzliche Grüße! Dein Gottfried.

Tagebuch

8.12.42

Heute endlich erfahre ich Genaues übers Batl., sie gehen nicht zurück sondern bleiben vorn und ich fahre am folgenden Morgen mit dem V-Tross vor. Gutes Wetter lässt eine wunderbare Landschaft sehen, Laubwälder, Berge, grüne Flüsse. Die Öde Russlands ist hier vorbei.

9.12.42

Der Kommandeur empfängt mich sehr herzlich und lässt mir wieder einen Tag Zeit mich einzugewöhnen. Er stellt mich vor die Wahl, den Granatwerferzug oder Pionierzug zu übernehmen. Ich wähle sofort den Pionierzug, denn er wird mir endlich Gelegenheit geben, mich auch mit handwerklichen Arbeiten zu beschäftigen. Und dann begrüsse ich die Kameraden, alle sind herzlich und echt zu mir. Ich freue mich, wieder bei der Einheit zu sein.

9.12.42.

Lieber Vater!

Gerade habe ich Zeit, da will ich Deinen Brief vom 15.11. (aus Landsberg) gleich beantworten. Er hat mir wirklich sehr viel gegeben, herzlichen Dank! Ja, Du hast recht, als Frontsoldat kann man stolz sein und auf diesen Stolz muß man sich stützen, wenn es einen einmal hart ankommen sollte nicht kleinmütig zu werden. Am Abend bevor Dein Brief kam, habe ich mich mit einem einfachen Mann, einem Bauern aus dem Allgäu, darüber unterhalten. Wir waren auch der Ansicht, daß diese Drohnen der Etappe nie offen aufschauen können, von einem „Gewissenswurm" immer bedrückt und niedrig gemacht nur herumschleichen können. Man kennt ja diese Reden: „Ja, ich habe mich schon soundso oft an die Front gemeldet, aber…" und kann darüber nur frei lachen. Unser beider Schluß war Schiller: Wer dem Tod ins Angesicht schauen kann, der Soldat alleine ist der freie Mann! Und wenn diese auch eine Soldatenuniform tragen können und in Reden bestimmt nicht hinter uns stehen werden, den wahren Wert, ein freier Mensch zu sein, haben wir aus dem Krieg davon getragen. Erschreckend ist für mich nur, daß die Etappe immer mehr zunimmt und uns auffressen wird, säubern wir sie nicht gründlich. Meinen Erfahrungen nach, die sich kleinlich an Tatsachen halten, kommen auf 1 wirklichen Infanteristen 40-50 andere, allerdings natürlich auch unsere schweren Waffen, Flieger usw.; aber der Russe hat todsicher ein anderes Verhältnis. – Für die Besorgung des Witzbildes Dir noch mal eigens Dank, nachdem Du die Bilder als so schön beschreibst, ist es mir direkt leid, daß man sie weggibt. Dr. Lawall führt im Augenblick das Nachbarreg., von diesem Reg. waren auch die Kompanien, die 6 Tage eingeschlossen waren. – Mit meiner „Urlaubsfrickerei" habe ich augenscheinliches Pech, bzw. berechne ich jedesmal zu knapp. Nun noch mal vielen Dank für den lieben Brief und Euch allen meine besten Wünsche zum Neujahr 1943! Gottfried.

Tagebuch

8.12.42

Am Abend gehe ich bereits in die Stellung hinauf, die über einen einstündigen, schönen Anstieg durch ein romantisches Wildwassertal zu erreichen ist, sie liegt auf einem kleinen Vorberg, von wo aus man wunderbar in das Ardontal, zur ossetischen Heerstrasse und in die Schneeberge sieht. Auch der Kasbeck ist im Hintergrund.

14.12.42.

Meine Lieben!

Gestern ist nach genau 2 Monaten Laufzeit das Riesenpaket mit den wunderbaren Mandelpralinen und Waffeln, Cognak, Bonbon und den Kleinigkeiten eingetroffen. Das ist ein Fest! Im Augenblick geht uns überhaupt „das Träumen" nimmer aus, denn bei jeder Post sind bereits für den einen und anderen Weihnachtspackerln dabei, die dann kameradschaftlich verteilt werden, daß jeder was hat. Die Stellung ist augenblicklich einigermaßen ruhig, wenn's nicht schlimmer wird, können wir's den Winter über gut aushalten. Die Kälte ist nicht schlimm, bei Euch sicher größer. Dankbare Grüße Euer Gottfried.

Tagebuch

15.12.42

Überrascht bin ich über den gemütlichen Wohnbunker, der mich aufnimmt. Die Stellungen allerdings liegen in dem dichten Unterholz etwas ungünstig, man hat nie Ruhe, da der Russe bis auf 80 m heran ist und man nicht einmal bei Dunkelheit sich bewegen kann, ohne nicht wenigstens gehört zu werden und Feuer zu bekommen. Sonst wäre die Stellung günstig, Holz gibt es, ein kurzer Versorgungsweg erleichtert Vieles. Direkt neben der ossetischen Heerstrasse ist sie ein Schlüsselpunkt, was auch die Russen wissen, die schon einmal sehr heftig angriffen. Nach einstündiger Art.-Vorbereitung probieren sie es wieder mit einem Bataillon, das hier gegen eine sMG-Gruppe und 2 Jägergruppen anstürmt. Es ist schon Nacht und wir wehren uns hauptsächlich mit Handgranaten. Da sind sie schon in der Lücke zu einer Gruppe durchgebrochen und ich raffe den Komp.-Trupp zusammen, um sie hinauszuwerfen. Da haut neben mir ein Granatwerfer ein und verletzt mich am Arm, wie ich gerade vorgehe. Ein nur kleiner Splitter trifft mich am rechten Arm, aber das Gewehr schleudert es auf den Muskel, so dass jener ganz verzerrt, die Hand verkrampft, dahängt. Ein Wust von Gedanken durchstürmt da meinen Kopf, denn im Augenblick sieht es so aus, wie wenn der Arm ab wäre. Dann aber kann ich mich gleich verbinden lassen und die Verkrampfung löst sich. Ich atme auf. Zugleich konnten die Russen wieder hinausgeworfen werden und sie haben genug.

16.12.42

Am Morgen stellen wir mit einer Gruppe Verstärkung wieder die alte Linie her (der rechte Flügel, der umgangen war, wurde etwas zurückgenommen) und wie Nebel aufkommt, können wir unseren Erfolg sehen: 63 Tote können wir zählen ohne die vor den Minen, 33 Gewehre, 7 Maschinenpistolen, 3 lMG, 1 Schnellfeuergewehr wird aufgelesen. Und wir haben nur 1 Schwerverwundete und vier Leichtverwundete. So müssen sie den ganzen Winter durch machen, dann wird ihnen doch allmählich der Schnaufer ausgehen!

17.12.42

Ich lasse mich kurz ablösen, um zum Arzt zu gehen und zur Kompanie-Führer-Besprechung; der Kommandeur beglückwünscht mich in seiner bekannten herzlichen Art...

An dieser Stelle enden die Aufzeichnungen und Feldpostbriefe.

Leutnant Gottfried Ettmayr fiel am 29. Dezember 1942 im Kaukasus bei der Verteidigung des Ortes Tschikola gegen einen russischen Panzerangriff.

Noch am gleichen Tag schrieb der Bataillonskommandeur Hauptmann Walter Kopp an den Vater:

In der Stellung, 29.12.42.

Hauptmann Walter Kopp

F.P. Nr. 29 654 A

Sehr verehrter Herr Ettmayr!

Nachdem das I./Gebirgs-Jäger-Regiment 99 am 27. und 28. Dezember den Ort Ssurch Digora (45 km südostwärts Naltschik) zweimal genommen hatte, verteidigte es dies am 29.12. gegen russische Angriffe, die von Panzern unterstützt wurden. Die Panzer fuhren nahe an den Ortsrand heran und eröffneten ein wirkungsvolles Feuer gegen unsere Linie. Ein Panzergeschoss traf das Haus, von dem aus Ihr Sohn Gottfried den Abwehrkampf seiner Kompanie leitete. Mehrere Splitter drangen von oben in den Graben, der um das Haus gezogen war. Einer davon drang Ihrem Sohn in den Nacken und führte seinen sofortigen Tod herbei. Als diese schlechte Nachricht bei mir eintraf, war ich darüber besonders schmerzlich berührt; denn ich kannte Ihren Sohn seit langem. Durch sein frisches Wesen fiel er mir als Kompanie-Chef seinerzeit so auf, dass ich ihn zum Offiziers-Anwärter vorschlug. Ich hatte die Freude, ihn dies werden zu sehen. Als Leutnant und Zugführer habe ich ihn wieder getroffen, als ich dieses Bataillon übernahm. Mein Vertrauen hatte er rasch in dem Maße , dass ich ihn in den letzten schweren Kämpfen, die von uns alles forderten, als Kompanie-Führer der 1. Kompanie, aus der er hervorgegangen, verwandte. Er hat mich nicht enttäuscht, sondern in besonders schwieriger Lage seine Leute mit vorbildlicher Tapferkeit und grosser Umsicht zum Siege geführt. Möge Ihnen diese Feststellung ein kleiner Trost in Ihrem schweren Leid sein. Wir haben Ihren Sohn in Tschikola begraben. Grablagenskizze und allenfalls Lichtbild des Grabes werden Ihnen zugehen, sobald die Kampflage ihre Herstellung erlauben. Das gleiche wird mit den Nachlass-Sachen geschehen. In allen Versorgungsfragen bitte ich Sie, sich an das Wehrbezirkskommando München I zu wenden.

Es ist Ihnen in ehrlichem Mitgefühl verbunden und trauert mit Ihnen

Ihr sehr ergebener
gez. Walter Kopp

Für die Richtigkeit:
gez. Bürkle

Feldwebel u. Btl.Schreiber.

GETREU SEINEM FAHNENEID
STARB IM KAMPF UM DIE
FREIHEIT GROSSDEUTSCHLANDS
LT. GOTTFRIED ETTMAYR
1.|GEB. JÄG. RGT. 99
DEN HELDENTOD FÜR
FÜHRER / VOLK UND VATERLAND
AN DER SPITZE SEINER KOMPANIE
BEI DER ABWEHR EINES FEINDLICHEN
PANZERANGRIFFES IN TSCHIKOLA AM
29. 12. 1942.

„EHREN-TAFEL"

Doch bis die schreckliche Nachricht des Todes Gottfrieds die Familie erreichte, wurden in der Zwischenzeit noch viele Briefe geschrieben, welche nach und nach, mit dem Vermerk „Gefallen für Groß- Deutschland" zurückgesendet wurden. Der Poststempel (26. Januar 1943) auf dem Umschlag, eines vom Vater in München abgeschickten Briefes beweist, daß die Nachricht über den Tode des Sohnes mehrere Wochen benötigte, bevor diese bei der Familie ankam.

Am 19. Februar 1943 veröffentlichte die Familie Ettmayr schließlich eine Sterbeanzeige im "Völkischen Beobachter". Für den Vater, als überzeugten Nationalsozialist, wohl die Zeitschrift erster Wahl.

Ein Originalexemplar des "V.B." ist in diesem Nachlaß erhalten ge-blieben. Erwähnenswert ist, daß diese Ausgabe im Zeichen der schweren Niederlage des Kampfes um die Stadt "Stalingrad" stand, welche sich in der reisserischen Schlagzeile wiederspiegelt.

Völkischer Beobachter 19. Februar 1943

Aus einer Vielzahl der Beileidsbekundungen geht hervor, daß der „Völkische Beobachter" zumindest was die Sterbeanzeigen angeht, offensichtlich vielfach gelesen wurde. Natürlich auch der gesellschaftlich gehobenen Position des Vaters als Bezirksschulrat, aber auch seiner Position als „alter" SA-Mann in der „Hauptstadt der Bewegung" München geschuldet, erhielt die Familie Ettmayr etwas mehr als 300 (!) Beileidsbekundungen zum Tode ihres Sohnes Gottfried.

Kondolenz

Verständlicherweise warf der Tod Gottfrieds innerhalb der Familie viele Fragen auf, deren Antworten helfen würden, diesen schweren Verlust verarbeiten zu können. Hier das Antwortschreiben des ehemaligen Vorgesetzten Gottfrieds vom Juni 1943 an seine Schwester zum Abschluss:

Ostfront, den 2.6.1943

Major Walter K o p p

Feldpostnummer 43 684

Sehr verehrtes Fräulein Ettmayr!

Infolge mehrmaliger Umleitung, die dadurch bedingt war, daß ich das I./Geb.Jäg.Rgt.99 abgegeben und eine andere Verwendung gefunden habe, erreichte mich Ihr Brief vom 30. März erst vor einer Woche. Ich komme gern Ihrer Bitte nach, von der letzten Zeit Ihres Bruders zu berichten. Ich muß mich dabei in der Erinnerung an jene turbulente Winterszeit allein auf mein Gedächtnis verlassen, da meine schrift-lichen Unterlagen im Reich sind. Nachdem Ihr Bruder an Gelbsucht erkrankt war, entschwand er für längere Zeit aus meinem Gesichts- kreis, ein fühlbarer Verlust für das Bataillon. Um so mehr freute ich mich, als er in den ersten Dezembertagen sich zurück-meldete, groß und schlank, in zerschlissener Uniform, im Gesicht bleich von der noch nicht überstandenen Krankheit, aber herrlich zuversichtlich. Da er mein Vertrauen von früher her hatte, übergab ich ihm einen wichtigen Punkt unserer Stellung. Als wir zwei Tage vor Weihnachten unsere Stellung an der Ossetischen Heerstrasse aufgeben mußten, beauftragte ich Ihren Bruder mit einer besonders heiklen Aufgabe. Er mußte mit nur einem Zug ein ganzes rumänisches Bataillon ablösen und einen ganzen Tag mit dem dreißigsten Teil der früheren Kräfte die Stellung halten. In einem Gefecht, das den ganzen Tag über dauerte, löste er diese Aufgabe vorbildlich. Am Abend verließ er als letzter deutscher Soldat die Ossetische Heerstrasse. Ich erwartete ihn mit wenigen Leuten in Ardon, das von den deutschen Truppen bereits völlig geräumt war und war fühlbar erleichtert, als die Bergschuhe seines Zuges in der stockdunklen Nacht über die Hauptstrasse klapperten und er seine Männer heil zurückbrachte. Zwei Tage vor seinem Heldentod stand er erneut als Führer der 1. Kompanie vor mir und erhielt mit seinen Kameraden den Befehl zum Angriff auf Ssurch Digora. Dieser Angriff dauerte den ganzen Vormittag und ich war oft bei ihm, um mich über die Lage zu erkundigen. Es ging dabei glatt und reibungslos. Dass dabei Ihr Bruder meine Aufträge wortlos hinnahm, schien damals selbstverständlich. Wenn ich heute daran zurückdenke, bewundere ich seine entschlossene und mannhafte Haltung. Als wir den Ort genommen hatten, richteten wir uns zur Verteidigung ein. Ich sah Ihren Bruder leider nicht mehr und war trotz der Schwierigkeit der Lage, die meine Aufmerksamkeit abzog, tief erschüttert, als ich von seinem Heldentod erfuhr. Mehr als in meinem früheren Brief kann ich darüber nicht mitteilen. So, wie die Dinge damals lagen, werden das nur wenige sein können. Für mich ist Gottfried Ettmayr der Vertreter jener deutschen Jugend, die im Kriege aufgewachsen und über sich selbst hinausgewachsen ist. Wie viele seinesgleichen war Ihr Bruder weit über sein Alter hinaus gereift. Es gibt kein Wort auszudrücken, mit welcher Selbstverständlichkeit diese wertvollen jungen Leute als Führer ihrer Mannschaft immer wieder von neuem ihr Leben einsetzen, wie sie kein Zagen kennen, sondern nur eine eiserne Entschlossenheit. Zu diesen gehörte Ihr Bruder Gottfried. Sie dürfen auf ihn frohgemut stolz sein. Ich hoffe, Ihnen mit meiner Schilderung das Bild Ihres Bruders noch mehr wert für eine bewundernde

Erinnerung gemacht zu haben. Mit den besten Wünschen bleibt Ihnen im Andenken an Ihren Bruder verbunden

Ihr ergebener
gez. Walter Kopp

Major Walter Kopp
Feldpostnummer 43 684

„BENE QUIESCAT"